沃顿商学院图书

卖掉蓝象

如何预知顾客需求，打造未来的明星产品

Selling Blue Elephants

How to make great products that people want
BEFORE they even know they want them

霍华德·莫斯科维茨 （Howard Moskowitz）

亚历克斯·戈夫曼 （Alex Gofman）　　　著

刘宝成　译

中国人民大学出版社

·北京·

谨将这本书献给我生命中最心爱的人。阿琳（Arlene），感谢你以及过去多年来你为我做的一切。同时献给我的孩子丹尼尔·莫斯科维茨和雅法·莫斯科维茨（Daniel and Yaffa Moskowitz），大卫·莫斯科维茨和查维·莫斯科维茨（David and Chavi Moskowitz）。最后，献给德玛（Temima）、约瑟夫（Yosef）、阿胡瓦（Ahuva）、哈大沙（Hadassah）、施拉（Shira）、梅里亚赫（Meriah）和诺亚（Noach）。你们是我们未来的希望。

——霍华德·莫斯科维茨

献给我已故的父亲，是他让我懂得了用一生去追寻我周围世界所有关于为什么和怎么做的答案。还有我的孩子艾丽（Alli）和马特（Matt）、我的妻子艾琳（Irene），你们为我的追寻赋予了意义。

——亚历克斯·戈夫曼

卖 掉 蓝 象　　　**编辑手记**　　如何预知顾客需求
打造未来的明星产品

世界上不存在蓝色的大象。

不妨想象一下：假如真的有蓝象这种动物，假如还有一个倒霉的推销员，他的任务就是把蓝象作为一种商品推销出去，这将是怎样一项不可能完成的任务啊！你一定能想象他愁眉苦脸的样子，并且对他感到深深的同情。

苏斯博士 1960 年出版的著名儿童读物《火腿加绿蛋》讲述了一个简单而有趣的故事。一个叫萨姆的人千方百计劝说一位绅士吃下绿蛋和火腿，他把绿蛋和火腿同各种疯狂又奇怪的用餐环境以及用餐伙伴搭配起来，不厌其烦地追问：

——你喜欢吃绿蛋和火腿吗？

——你喜欢在房子里吃或者和老鼠一起吃吗？

——你喜欢在盒子里吃或者和狐狸一起吃吗？

——你喜欢在船上吃或者和山羊一起吃吗？

可怜的绅士先生不想尝试这么古怪的食物，开始还能很优雅地拒绝，慢慢地有点愤怒，慢慢地开始狂躁，又慢慢地……故事的最后，他终于受不了了，准备尝试了！绿蛋和火腿，究竟好不好吃呢？

从市场营销学的角度看，萨姆无疑是最出色的推销员，他凭借锲而不舍的精神、百折不挠的毅力，以及天马行空的想象力，成功地把火腿加绿蛋推销给了原本不喜欢、更不打算尝试它的绅士先生。每个营销人员都希望掌握萨姆的魔力，让人们尝试他们从不去尝试的东西之后，惊喜地发现

"火腿加绿蛋原来味道还不错！"。

不过，如果我们用真正科学和现实的态度来看待萨姆的方法，我们会发现它实际上缺乏系统性，是一种随机的试误法，换句话说，一种乱枪打鸟式的成功。这种成功是不能复制的。除了层出不穷的新点子和不懈的努力，萨姆自己也说不出他到底是如何做到的，下一次——如果还有下一次的话——他仍然要从头开始，第一个成功的案例没有给他留下任何可供借鉴的模式或经验。我们的蓝象推销员要想从中汲取经验，就更是难上加难了。

真实世界的市场竞争是激烈甚至残酷的，企业和营销人员可能根本没有多少尝试的机会，时间和资金方面的限制不允许无休止的试误，机遇稍纵即逝，虎视眈眈的竞争对手随时准备占领市场。而且，掌握最终选择权的是挑剔的消费者，他们没有理由一次又一次地购买让自己失望过的企业的产品。一两次失败就可能已经让消费者对企业的品牌产生抵触情绪，不管企业如何努力地推出新花样和新噱头，他们都无动于衷，不会再买账了。没有企业承受得起那样的风险。

企业必须了解消费者想要什么，而且要快，有时候甚至要超前——在消费者意识到自己的需要之前，就发现并满足这些需求。这一切都是有可能的吗？同样重要的一个问题是，即使有可能，这是不是也只能依靠天才的灵光乍现或者幸运女神的特别眷顾才能实现？有没有一种科学的、可操作的、系统化的方法，取代随机的、漫无目的的盲目出击，准确地找到消费者所需？

手中这本《卖掉蓝象》提供的正是这样一种方法，即规则建立实验（RDE）。RDE 是一个系统的产品设计过程，重要的是，它是一种科学的、可以学习掌握和反复实践的方法。RDE 将产品的各种特性归纳为不同的要素，将消费者分为不同的细分市场，邀请测试者，测试不同要素组合在不同细分市场的反应，通过电脑软件分析实验结果。在这里，科学和创意完美地结合，消费者的实际需求从未如此清晰地展露无遗。

掌握了科学的方法，你可以在任何行业中取得成功，甚至卖掉蓝象也不再是什么异想天开的事情！

唐奇
2009 年 9 月

卖 掉 蓝 象　　**赞 誉**　　如何预知顾客需求
打造未来的明星产品

学术界的评价

"《卖掉蓝象》一书有望改变我们的产品开发思路。多年来,关于商业决策的书籍多如牛毛,但其中一大部分是从两万英尺的高度写的。它们的观点固然都很重要,但没有讲述实际的'如何去做'。莫斯科维茨和戈夫曼写的书却告诉全球的商务人士如何展开有效的竞争,不管他们的企业规模大小。"

——哥伦比亚大学心理物理学实验室主任
尤金·加兰特教授(Eugene Galanter)

"霍华德·莫斯科维茨和亚历克斯·戈夫曼撰写的题为《卖掉蓝象:如何预知顾客需求,打造未来的明星产品》一书是一部引人入胜的好作品,它几乎概括了产品决策的全部内容。它向读者全面展示了规则建立实验的应用方法,即使消费者还不能准确地描述出吸引他们的是什么,它便已经为如何设计和测试吸引消费者的产品、包装、信息和服务提供了指南。规则建立实验主要得益于莫斯科维茨在心理物理学领域所受的定量研究方面的正规教育,而且在《卖掉蓝象》一书中,作者通过很多案例阐述了他们如何把复杂的精神物理学应用到商业领域。读这本书，从中享受并学习吧！"

——耶鲁大学约翰·皮尔斯实验室主任、流行病学和心理学教授
劳伦斯·马克斯博士（Lawrence E. Marks）

"《卖掉蓝象》一书展示了系统化的实验应用于设计新产品和改良产品的价值，不管产品是咖啡、泡菜还是美术设计，书中的观点均有理有据。它还展示了在优化大部分产品时，聚焦在消费者个体化差异上所能获得的回报。这些都来自作者本身的丰富经验，而且是放到有趣的现实世界中通过例证展现出来的。

"这本书不仅富有教育意义，而且充满趣味。"

——费城莫奈尔化学感应中心主任
加里·波蓬博士（Gary Beauchamp）

"毋庸置疑，《卖掉蓝象》一书将吸引全球各地的营销人员和产品开发人员。莫斯科维茨与戈夫曼清楚地告诉了我们解读消费者心理的技巧，这套系统可能会改变企业的经营方法。传统上，企业的决策方式虽然很有魄力，却往往费时费工。《卖掉蓝象》提供了可靠、容易操作又经济的技巧与工具，为企业界的改变奠定了扎实的基础。掌握这些技巧的企业实践者将为企业带来极大的价值，并通过更好更快地满足顾客的'需要和想要'让顾客无比满意。"

——得州大学奥斯汀分校营销学教授
维贾伊·马哈詹（Vijay Mahajan）

"本书真是两位杰出的作家和实践家的杰出作品，绝对是一本'非看不可'的好书。本书为企业领导者提供了实用的秘诀，帮助他们在企业内构建心目中向往的'思考型团队与组织'。本书为具有危机意识的企业提供了一套开发新契机的方法，而更重要且更令人高兴的是，本书告诉企业如何更有效地完成任务。作为一位专门研究财务金融服务及风险管理的教授，看到有人讨论这些问题，并且以扎实的功底来研究、解决今日企业面

临的难题，我很欣慰。"

——马来西亚玛拉理工大学金融服务与风险管理系

穆罕默德·拉希德·霍森教授（Hj Mohd Rasid Hussin）

"不论你是乐观主义者还是悲观主义者，你都应该承认，莫斯科维茨与戈夫曼展示了规则建立实验这门技术能够将普普通通的产品变成热门商品！

"本书不仅写得好，还充满有趣的故事与案例分析，从泡菜到政治应有尽有！书中的主人公创业家埃里森犹如企业界的'古墓丽影'，她利用规则建立实验建立了一个成功的企业。跟随她的探险，我们以一种有趣的方式认识到了使用规则建立实验的好处。

"《卖掉蓝象》是所有意欲掌握成功艺术的营销人员与产品开发人员必读的一本书！"

——英国职业创新管理国际学会会长

伊恩·贝特安（Iain Bitran）

企业界的评价

"《卖掉蓝象》是任何想要破解消费者心理 DNA 密码的人必读的一本书，它告诉我们如何在顾客本身都不知道自己需求的时候就开发出炙手可热的商品。"

——国际畅销书《成功长青》* 合作者

马克·汤普森（Mark Thompson）

---

* 《华尔街日报》和《商业周刊》评选的最畅销书，亚马逊网上书店 2006 年编辑之选：商业方向最畅销书中的前三名之一。本书已由中国人民大学出版社出版。——译者注

"《卖掉蓝象》是商界人士必读的一本书，不论你是创业家、私人企业的雇员还是拥有上亿资产的跨国公司的成员。莫斯科维茨与戈夫曼引领读者进入规则建立实验的世界，并且通过许多娓娓动听的真实案例来说明规则建立实验的价值与应用方式，包括泡菜、椒盐脆饼、意大利面酱、信用卡、杂志，甚至总统大选！我认为每一位读了本书的人都可以从中学到宝贵的知识。"

——布什兄弟公司高级副总裁和研发与创新部总监
菲尔·帕金斯（Phil Perkins）

"莫斯科维茨与戈夫曼为商业界开启了新的篇章，那就是从消费者的角度来创造新产品。在此之前，消费者们往往是等产品做好了才告诉我们他们的感受，而那时已经太晚了。现在，我们可以在创新的早期阶段就将消费者的意见付诸实施，这样，新产品成功的机会更大。不难看出，莫斯科维茨与戈夫曼发明的强大的产品开发工具将成为你创新百宝箱中的新成员。

"它可以为新产品未来的成功绘制蓝图，从本质上让消费者成为你的创新伙伴。"

——瑞士蓓丽集团研发副总裁
斯万·高拉（Sven Gohla）

"你对竞争对手的了解将胜过他们自身，这会成为你可以利用的优势，你也将更了解对手的广告、宣传册以及营销策略中的弱点。你需要的正是规则建立实验这样突破性的工具。

"读这本书，尽情实验，你会发现它将带给你有史以来最大的竞争优势。"

——费城 WBEB 广播电台老板
杰瑞·李（Jerry Lee）

"借助本书的出版，莫斯科维茨再一次证明了他是消费者研究领域当之无愧的领军人物。就市场调研这个题目写一本真材实料的著作已经不简单了，像霍华德·莫斯科维茨和亚历克斯·戈夫曼这样写得这么完整而有趣更属不易。相信读者除了可以获得满足学习欲望的丰富知识之外，更会享受阅读的乐趣，并赞叹这本书的生花妙笔。"

——荷兰联合利华食品消费者洞察部副总裁
约翰尼斯·哈特曼（Johannes Hartmann）

"这是一本引人入胜且震撼人心的成功产品故事集，懦弱或目光狭窄的人不宜阅读。意大利酱料品牌拍宝（Prego）的故事最能引起我的共鸣，因为我自己亲身经历了它紧张的策划和设计过程，还参与了无数次的品尝、产品制作的后勤工作，从锅碗瓢盆到目标城市的选择，等等。这本内容丰富的研究成果为新产品的开发提供了'聚焦点'，同时还通过'质地'和'颜色'之类的消费者的基本偏好因素，将问题继续深化，既而打破了这个领域约定俗成的范式。

"我为将这个故事及方法介绍给企业界和一般读者的作者喝彩。"

——金宝汤公司前肉汁与酱料研发部经理
塞希勒·费里西安诺（Cecille Feliciano）

"规则建立实验是一个非常有用、容易以直觉来理解的概念，可惜不知什么缘故，过重的学术味掩盖了它灿烂的光芒。终于有一本书以简单易懂、清楚明了以及（我可以很大胆地说）妙趣横生的方式解释如何将规则建立实验应用于营销与产品开发领域。

"就像呼吸到清新的空气一般！"

——优化集团创始人
杰夫·埃瓦尔德（Jeff Ewald）

"莫斯科维茨与戈夫曼运用一连串的消费品的案例分析，带领我们走进了规则建立实验开始被应用于商业世界的历史，这些案例即使到今天仍然令人眼前一亮。紧接着，作者又引导我们去领略规则建立实验在服务、信息传播、设计与包装等方面的应用。不过，最为实质的还是作者提到的'消费者心理的代数学'以及心理基因。以规则建立实验概念为基础构建而成的 It!™ 资料库可望成为营销人员、政治家和社会工程师们倚重的消费者心理资料图书馆，规则建立实验也有望成为社会、政治与商业的超级工具。

"这是数十年来最具原创性的一本营销类书籍。"

——丹佛资产管理公司合伙人
西蒙·查德威克（Simon Chadwick）

"《卖掉蓝象》是一本令人耳目一新、容易阅读的图书，商务人士和营销人员可以从中学到他们不得不知道却又难以了解的东西，那就是消费者到底如何做出抉择。人类在表达喜好的时候习惯用比较的方式，而不是分析或解释自己的行为与想法。通过身边各式各样的例子与生动的故事，《卖掉蓝象》让我们了解到复杂的问题可以用科学的方法解决。我不仅从阅读中获得了乐趣，也学到很多知识。"

——英国 TNS 市场调研公司总裁
托尼·考林斯（Tony Cowling）

"这本书不仅内容有深度，而且非常易读。本书之所以能用通俗且生动的方式来传达科学知识，这要归功于作者的热忱与远见。我迫不及待地将这本书分发给自己的同事和朋友，让他们体会市场调研对企业成功有多么大的贡献。"

——路丝市场调研公司总裁和首席执行官
罗西尼·路丝（Roseanne Luth）

"我亲眼见证了使用规则建立实验与思路对企业有多么深远的影响。除了这个不可思议的超级工具之外，莫斯科维茨与戈夫曼更将自己的亲身经验与见识带入到解读人类行为与偏好这个领域。如果你认为市场调研还受限于消费者的想象或者市场调研无法预测未来的新产品（不论是消费性产品、企业产品或服务），你就大错特错了。

"充分运用规则建立实验，你不但可以将竞争对手远远抛在身后，快速地获利、快速地超前，并且能保持持续不断的竞争优势。"

——SEI 财富网络公司副总裁（金宝汤公司前营销执行官）
唐·罗利（Don Lowry）

"通过运用规则建立实验的方法，莫斯科维茨帮助我们将'拍宝'这个品牌的市场占有率提高了一倍。拍宝超大颗粒系列（extra chunky）的成功以及其他基本产品之所以达到两位数的增长率，都要归功于规则建立实验中的优化与类型评估方法。我们针对意大利面酱市场作了类型评估，规则建立实验发现该市场仍然有一大块未开发的领域。根据规则建立实验的优化与评估结果，我们着手针对这部分市场开发新产品，结果市场占有率增长为原来的两倍。拍宝品牌能够在市场上获得成功，主要的原因就是规则建立实验帮助我们及时地发现了新的细分市场。"

——诺华集团非处方药全球市场调研副总裁（金宝汤公司前市场调研总监）
莫尼卡·伍德（Monica Wood）

"莫斯科维茨与戈夫曼以讲故事的方式来呈现市场调研的方法，他们将内容丰富的案例分析变成了妙趣横生的故事，范围横跨多个产业，从食品到电器，从广告到股市。即使撇开实用的规则建立实验本身的价值不说，这本书也充满值得一读的乐趣与值得学习的知识。"

——荷兰皇家飞利浦电子公司设计预测与趋势部门总监
马尔科·拜沃罗（Marco Bevolo）

"莫斯科维茨与戈夫曼不玩拐弯抹角的把戏。《卖掉蓝象》从第二页就直入正题，而且锲而不舍。企业主管会喜欢本书平易近人的内容，分析师会爱上它形形色色的实例以及清晰透彻的概念。对于所有从事研发、品牌管理、新市场策略以及市场调研的人士，这本书能令人茅塞顿开、耳目一新，我给它五颗星。"

——优势麦肯媒体集团亚太区总监
沙尚克·特里帕西（Shashank Tripathi）

传媒界的评价

"很少有书籍能出自兼具智慧、幽默、经验与知识的作者，而且还非常实用，《卖掉蓝象》却是其中之一。30 年来，它指导过 12 000 多人，我也从中了解到很少人能够清楚而明确地说出自己喜欢或选择某种东西的原因。本书告诉你如何解决这个问题并开发赚钱的产品。

"如果营销对你而言很重要，这本书你非看不可！"

——国际畅销书《成功长青》的合作者

斯图尔特·埃默里（Stewart Emery）

"立论严谨，妙趣横生，发人深省，这是一本不可多得的佳作。"

——英国价值全球时尚网总编辑

罗杰·特瑞德烈（Roger Tredre）

　　霍华德·莫斯科维茨（Howard Moskowitz）现任莫斯科维茨·雅各布斯公司（Moskowitz Jacobs Inc.）总裁兼首席执行官，他于1981年创立了该公司。

　　莫斯科维茨博士作为实验心理学家，在心理物理学领域享有盛名，同时也在市场调研技术领域拥有多项世界领先水平的发明。他于1969年获得哈佛大学实验心理学博士学位。在此之前，他于纽约皇后学院取得了数学及心理学学位，并获得了美国大学优等毕业生荣誉称号。莫斯科维茨博士共编写了16本著作，发表过300多篇论文，并担任主要学术期刊的编审委员。他在各类科学与市场调研大会上发表过大量的演讲，在多所著名的商学院及大学的食品科学系担任客座教授。

　　莫斯科维茨博士获得了各种各样的奖项，包括美国测试和材料学会的大卫·伯阳终生成就奖；由于他在产品开发、消费概念优化及包装设计等领域做出的毕生贡献，美国营销协会为他颁发了市场调研领域的诺贝尔奖——查理·柯立兹·帕林奖；由于在研究思路领域的创新，他于2006年获颁广告研究基金会创新奖。莫斯科维茨博士还在美国广播公司电视节目《现在新闻》中担任食品博士，每周用10分钟的时间推介在食品饮料业脱颖而出的企业家新秀。

　　亚历克斯·戈夫曼（Alex Gofman）现任莫斯科维茨·雅各布斯公司副总裁兼首席技术官。他与莫斯科维茨博士共同发明了世界领先的营销与市场调研技术，同时也以实验心理学及计算机科学跨学科领域的研究应用而著称。此外，戈夫曼也是思路图（IdeaMap®）家庭产品的设计师，该项目也曾获得行业奖项。自1992年加入莫斯科维茨·雅各布斯公司以来，他一直从事新技术、演算法及软件开发部门的领导工作。

戈夫曼曾在美国与东欧任职于数家国际高科技及软件开发公司。他发表了30多篇论文（部分为合作），拥有18项专利，协助完成了一本概念研究的著作，在多次国际性研讨会上发表了论文并获得了不同类型的奖项。戈夫曼出生于乌克兰的一个工业区，1981年以优等生的荣誉毕业于顿涅茨克国立技术大学，获得了计算机科学硕士学位。

　　规则建立实验（RDE）是一种新颖的商业流程设计方案，
它一方面强调系统性和规范性，另一方面强调简便性和经济性；
其出发点在于通过细心的观察发现社会中的实际问题，而落脚
点在于以科学的方法提供解决方案。

　　尽管作者在书中所描绘的大部分情景属于商业决策的范畴，
特别是产品研发与销售经营，但这种方法还可以适用于危机处
理、政治竞选、股票市场以及国家战略等多个领域。

　　在英美文化里，"卖掉蓝象"是异想天开的代名词，这正是
作者在本书中所强调的核心：要想在激烈的竞争中脱颖而出，
就必须打破人们已经习以为常的陈规。

　　本书的写作风格具有高度的跳跃性，间或夹杂着睿智的幽
默，具有很强的可读性。此外，本书在写作体例上也别具一格，
它将一位女士的创业历程贯穿于作品的始终，将其描绘成"古
墓丽影"中劳拉式的探险者，运用 RDE，随着章节知识的推进
一步步将其创业活动从想法推向了成功的顶峰。

　　关于本书的更多特点，书中来自学术界、企业界以及传媒
界的众多赞誉已经十分丰富了，不过值得一提的是，本书专门
开辟了一章来讨论"金砖四国"中最具潜力的中国，对中国人
的智慧和雄心充满溢美之词。作者充满信心地预测中国将在不

久的将来逐步摆脱世界加工厂的发展模式，在虚心学习和大胆引进的基础上，发展自主的知识产权和管理创新。作者同时也发出了警告：面对复杂多变的国内外市场，中国企业如果不深入了解消费者的复杂心理，可能会面临灾难。"中国企业如果想获得全球性的成功，就必须学会了解消费者的口味与欲望，并且努力满足他们的需求。"这一振聋发聩的忠告值得中国读者深深回味。

　　本书在初稿翻译过程中，得到了尹旭、于文靖等同学的大力帮助，在此特别致谢。

刘宝成

　　非常高兴可以为霍华德和亚历克斯的这本在全世界流行的书写序言，这本中文版已经让我们等待了许久。

　　许多年前在阿姆斯特丹，霍华德第一次向我介绍了这个想法和工具，当时他的眼中闪烁着光芒。我深深地被面前老人所展现的巨大激情所折服，很难想象一个年近六旬的老人，谈到他关于创造力的想法和工具时会有如此巨大的激情。在过去 4 年师从霍华德并与他的团队共事的过程中，我看到了他的想法和工具是如何帮助企业提升它们的经济状况、深入挖掘客户的潜在需求的；而更重要的是它超越技术本身的一面，它帮助人们打开了思路、开扩了视野。

　　没有什么是真正新的，但是任何东西都可以是新的，只是需要一点设计，需要新的组合和测试，这是一种新的思维模式，这就是 IdeaMap®。

　　两个月之前，我和一个本土的游戏开发团队共事（你将会在本书中看到这个故事），进行一个新的游戏开发。我还记得第一天见到项目经理的情形，他有些无从下手，并不是因为缺少想法，而是想法太多，他意识到他的时间有限，资源也有限。经过沟通，他清晰地意识到关键是在开发前测试我们的想法，最终他决定使用 IdeaMap 进行测试。

　　在项目结束的时候，项目经理感叹道："IdeaMap 会将各个'想法'进行组合并呈现给被调查者，并对调查的数据进行科学深入的分析，同时使用起来又非常简单快捷。"

产品，作为一个有机的整体、不可分割的唯一，很难拿其中的一个特性去问用户他们是不是喜欢，即使用户可以回答，也很难考量答案的价值。IdeaMap 的调查更接近用户的直觉反应，区别于传统调查中经过用户理性思维得来的结果，这种方式往往更深入。

到目前为止，优秀的产品设计仍然是一项充满创造性的活动，设计者的经验和思维仍然起着很重要的作用。现在，将好的想法和优秀设计结合起来的是一个好的测量方法。IdeaMap 工具不能取代产品设计者，而设计者也无法取代科学的艺术。IdeaMap 帮助设计者收集用户的想法、理清思路并作出正确的决定，我们说它是新的设计艺术的科学伙伴。

我非常高兴看到 IdeaMap 最终来到中国，我相信它可以帮助到许多寻求赢得市场机遇的公司和想证明自己实力的产品设计者。最重要的是，IdeaMap 将帮助许多年轻人构筑他们的梦想，为他们打开一个新的思路，帮助他们赢得自己的未来，让他们感受到结合艺术、科学、决策和客户需求的魅力。我可以想象它将给产品设计领域带来的巨大变革。

也许你还不知道从哪里或者如何开始，这里的每个故事都会引发你的思考，这些不同行业的应用会给你启示，希望它们可以激发你的灵感，让你将新的想法和视野与你目前的情况完美结合。即使是现在，IdeaMap 应用的多样性在世界范围内还在不断增加，有许多新的故事发生，从中我看到了一个我们真正需要的工具。我的另一个老师斯蒂文成功地将它引入了银行领域，通过定位用户的想法来改进他们的银行交易与服务；我的一个朋友艾米，正在泰国致力于通过 IdeaMap 帮助房地产开发商找到他们用户，提供真正的用户所需。

有许许多多的可能……也许你就是下一个。

莫斯科维茨·雅各布公司（中国），蓝象中心市场总监
李东宁

卖 掉 蓝 象　　序二　　如何预知顾客需求
打造未来的明星产品

　　欢迎来到一个崭新的世界，科学和知识在这里交汇，财富的宝藏可能就沉睡在这里。

　　本书的主旨在于介绍规则建立实验（RDE），它是一个能够让公司深入了解消费者的商业流程，其内容之丰富超乎了很多人的想象。这些信息能够启迪那些在商界弄潮的公司乘风破浪，赢得成群结队的消费者，做到对未来成竹在胸。用这些新的信息收集工具武装了自己之后，公司可以找出开启现有和潜在客户心扉的钥匙，有的放矢地创造出新的产品，成功地将新产品推向市场，轻而易举地从竞争对手手中夺取市场份额。回顾过去，放眼未来，你现在是谁远不如你将成为什么更意义重大，而明天的成就对于那些胸有成竹的公司来讲则越来越容易了。

　　洞悉了这个世界未来的景象之后，让我们回头来讲《卖掉蓝象》。莫斯科维茨和戈夫曼在这个世界里积累了丰富的经验，他们知道，企业要存活下去，就必须了解客户的需求，包括现有的以及还未形成的需求。几乎在一夜之间把所了解到的信息转化为成功的商业规则，并且以低廉的代价做到这一点，这在几年之前还是不可想象的。

　　经过努力，作者将这一方法形成了系统，使得任何一位商务人士都能在需要时利用这种方法获取优势。这本书不是为那些从事营销或者产品开发之类工作的人员解决眼前的问题而赶制的一本单调乏味的手册，更不是一本化繁就简的操作说明书。莫斯科维茨和戈夫曼取得了完美的平衡：他们在坚持科学的基础上摒弃了深奥而艰涩的数理统计，做到了简明易懂；他们摆脱了对读者苛责的训诫或者惺惺作态的教诲，而是着力与读者分享他们的实际经验；他们一方面讲解基本的原理，同时又穿插了风趣的案例，做到了内容丰富且富有教育意义。这本书会带领读者踏上一段心旷神怡的旅程，围绕规则建立实验这一核心，其章节内容层层递进，覆盖广泛，从食品开发到政治竞选，从广告到股市预测，从鼓励创新到包装和杂志的封面设计，可谓包罗万象。读过本书之后，读者会发现自己已经能够一试身手了。书中描绘了大量的细节，足以让读者迅速着手实践规则建立实验；与此同时，本书所提供的基本思路和指导思想又足以激发读者去寻找新的应用空间。

当我本人开始阅读这本著作时，着实令我惊异的是，公司竟然可以通过系统化的方法掌握如此之多的信息。我成长的世界里不乏睿智而系统的思想家，然而这本著作的奇思妙笔却令我叹为观止。我一度与schwab.com 的创始人密切合作，在此过程中我们也应用了书中提及的一些方法，但无论就深度还是规范而言，我们都难以望其项背。尽管我们的公司存活了下来，而且有所发展，但倘若当时手边有一本这样的指南，我相信我们可以做得更加多快好省。等到我们可以把这一方法应用到我们的研究成果——《成功长青》一书中时，我们终于有缘接触到两位作者所倡导的系统化实验了。简直太难以置信了，经过短短两周的"科学工作"，它就证实了我们通过数年的访谈才得出的结论。我们深深地为之折服，以至于在我们的书的最后一章中专门概括了关于规则建立实验的内容。

任何一篇序言都要涉及的一个经典问题就是"这本书是为谁而写的"。对于《卖掉蓝象》而言，这是个棘手的问题。一方面，它面向品牌经理、广告专业人士、产品开发人员、营销人员和营销调研人员、设计师、公关传播专业人士，当然还有能够通过阅读本书把规则建立实验应用到相应的研究领域而从中获益的学生。广大读者会发现，这本书的大部分章节均十分引人入胜。另一方面，就连两位作者自己都不确定这些应用的范围有多大。谁知道呢？或许规则建立实验的巨大成功会出现在本书只是隐约地提及甚至未曾触及的领域。

那么，下一个问题是为什么规则建立实验如此重要？答案非常简单，在商业世界中没有任何一个人永远真正知道所有问题的答案。当然有些人能够连续取得成功，但那也只能说明他们知道"现在是怎么回事"。但是作为投资人和企业创办者，我认为拥有长远的眼光至关重要。幸运固然是件好事情，然而多年来我懂了一个浅显的道理：知识才是最可靠的。按照《卖掉蓝象》提供的思路，无论从任何角度出发，我们都能够随时随地捕捉有关消费者心理的知识。作者的论断不啻于一份变革宣言：在轰轰烈烈的变革面前，世界各地的企业，无论大小，都站在了同一起跑线上。

我的职业生涯中，大部分时间都在致力于探究和向他人解释成功的要素。我认为，这本书和规则建立实验对于那些积极进取的商业人士来讲，就是走向成功之路的最佳工具。

霍华德和亚历克斯完成了一本振奋人心的著作。作为一名商人和投资者，我感到他们所汇集的商业成功案例在方法层面已达到了炉火纯青的境界。

管理培训师和管理顾问、全球畅销书《成功长青》的合作者
马克·汤普森

卖 掉 蓝 象　　**致　谢**　　如何预知顾客需求
打造未来的明星产品

　　没有任何一位作者能够依靠闭门造车完成一本著作，甚至一篇论文，这简直是不可能的。我们有幸受惠于那些真正值得我们感谢的人。

　　在莫斯科维茨·雅各布斯设计实验室，我们感激我们干练的技术团队：Madhu Manchaiah、John Ma、Prasad Tungaturthy。他们为规则建立实验开发了思路图网络（IdeaMap. Net®）工具，并进行了反复的验证，以确保世界各地的任何人随时随地都能登录和使用该规则建立实验系统。这本书因你们的贡献而大为增色。

　　我们非常感激我们能干的研究团队，他们一丝不苟的敬业精神确保了规则建立实验技术及其实施能够转化成可以应用的商业信息，他们的努力帮助了全球数以百计的公司达到了研发、营销和销售的目标。

　　在本书的出版过程中，我们的市场营销支持团队自始至终给我们提供了帮助。在 Joyce Mitchell 的协助下，Suzanne Gabrione 承担了本书的校对工作。这支高效的二人团队发现了初稿中的多处错误，此外，她们还在整个编辑过程中就文体和语言向我们提供了"读者导向"的宝贵建议，并得到了我们的采纳。

　　作为我们的朋友和同行，位于埃德霍温市飞利浦设计中心的 Marco Bevolo 为我们提供了灵感的源泉，他的诸多商业思想不仅见解独到，而且富有艺术美感，令人耳目一新。

　　我们把最诚挚的感谢留给沃顿商学院出版社。我们密切合作，一起度过了整整两年紧张而美好的时光。出版社的编辑们始终与我们保持密切交流,在谋篇构思、文体风格以及教育导向等方面给我们提出了许多宝贵的建议,这些不仅令我们受益匪浅,而且风趣幽默的交谈也令人愉快。

我们要特别感谢三个人:

一位是沃顿商学院享受劳德教席的 Jerry Wind 博士。他是我们终生的导师。在写作手法和谋篇布局方面,他给予了我们无私的指导,并指引我们将思路拓宽到更广阔的领域。Jerry,我们感谢你给我们带来的灵感,这是我们在其他任何地方都无法获得的。

第二位是沃顿商学院出版社的 Tim Morre。他一直在鼓励和指导着我们,而最难能可贵的是,他为我们提供了热情而坚强的后盾。当我们在语言的运用、布局的平衡以及写作的思路方面遇到困难时,他一次又一次地激励我们的信心。Tim,非常感谢你及时而热情的指导!

第三位是沃顿商学院出版社的 Martha Cooley。在整个出版过程中,她就像是我们的指南针。在某些观点性问题上,我们随时征求她的指导意见,向她请教商界的发展动向。Martha,感谢你给我们提供的帮助!

当然,我们还要感谢其他一些人,他们在本书编辑和出版过程中参与了大量的整理和校对工作,并在本书面市之前通过精心的推广宣传活动调动了读者的热切期待。我们感谢出版社助理 Pam Boland,内容编辑 Russ Hall,营销主管 Amy Neidlinger,营销专员 Amy Fandrei,营销协调员 Megan Colvin,制作编辑 Michael Thurston,封面设计师 Alan Clements,封面文案 Bill Camarda,文案编辑 Krista Hansing 和沃特·克莱斯特出版社(Water Crest Publishing)的校对员 Sarah Kearns。

感谢以上所有的人!

悼念

Kathleen MacDonnell(1949—2007)是我们的朋友和同事,也是规则建立实验的早期倡导者和坚定的支持者。在她的鼎力支持下,我们在金宝汤公司找到了用武之地,既而创造了拍宝的成功,这次成功反过来又鼓舞着我们继续深入发展规则建立实验,将其推向了今天的高度。Kathleen,我们深切缅怀你。

卖 掉 蓝 象　　**目 录**　　如何预知顾客需求
　　　　　　　　　　　　　打造未来的明星产品

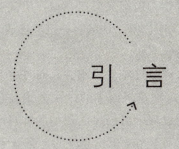

引 言

苏斯博士讲述的商业智慧

　　如果说有哪一种产品在开发和营销方面做到了极致，一则最广为人知的故事恐怕就是苏斯（Seuss）博士在其《火腿加绿蛋》中描绘的"革命性的"食品了。[1]

　　如同其他销售人员一样，山姆一直醉心于新产品的开发与推广，他精力充沛，干劲十足。故事一开场，一位脾气暴躁的客户正在悠闲地阅读报纸，山姆采用了一个又一个策略，试图让他的客户尝试他的革命性产品：火腿加绿蛋。客户一次次地拒绝，声称他就是不喜欢。山姆企图赢得客户的多种策略都失败了，他陷入了一个令人沮丧的试误怪圈。显然，他的方法不够有效，通常费心费力，有时成本还颇高。

　　这个故事听起来有点儿耳熟吧？

　　山姆随机地测试了几种不同的产品概念：列车套餐（"在火车上"）、快餐（"在汽车上"）甚至户外野餐（"在树下"），结果都以失败告终。随后，山姆又测试了"自制"信息（"在家里"），不同的包装都没能达到预期的效果（"魅力不足"）。山姆用煽动性的信息模拟一次友好宴会的情境（"有一只老鼠……有一只狐狸"*），但也没能提升购买欲望，就好像一直在对牛弹琴。山姆又灵机一动，决定在颜色上做文章（"在黑暗中"），但可惜为时已晚，他的客户已经形成了其他新的偏好。总而言之，山姆一路运气不佳。

尽管山姆最终成功了（产品终于卖了出去，而且将一位客户煽动到欣喜若狂的地步），但他这种东奔西突的试误方式实在是效率太低了。更糟糕的是，在测试的过程中山姆可能使他的客户产生了抵触心理，进而招致了客户对产品乃至整个山姆品牌的全面排斥。

错在哪里呢？山姆觉得他已经竭尽全力了。他严格地遵循了典型的策略：用看起来偶然而随机的实验为他的产品找到销售秘诀。山姆并没有特别成功，耗掉了大量的精力，为了达到他的营销目标绕了很多弯路。他的奋斗历程中缺少了一个关键的部分，就是实验的系统性，或者更准确地说，他完全没有系统性。

让我们快进一下，看一看创业家埃里森。她刚刚拿到了工商管理硕士学位，雄心勃勃，立志成就一番大事业。山姆的工作令她心驰神往。在吸取了山姆有限的经验之后，埃里森全力以赴，决计在市场上推出一个更具革命色彩的产品：蓝蛋。在当今竞争激烈的蛋类产品市场上，她将如何设计并推广这种创新的食品呢？我们将考察埃里森如何放弃偶然而随机的实验，既而发挥规则建立实验的威力。创业家埃里森将展示当今新型的研发工具如何让她在激烈竞争的世界中远远超越山姆，更加事半功倍。当然，她也将很快发现规则建立实验可以帮助她多快好省地创造、营销并实实在在地售出产品。对埃里森来说，甚至卖掉蓝象也不会是一个太难的商业议题！

---

* 来自《伊索寓言》中的讽刺幽默故事。酷热的天气使狮子疲惫不堪，他躺在洞中酣睡。一只老鼠从他的鬃毛和耳朵上跑过，将他从梦中惊醒。狮子大怒，爬起来摇摆着身子，四处寻找老鼠。狐狸见到后说："你是一只威严的狮子，也会被老鼠吓怕了。"狮子说："我并不怕老鼠，只是恨他放肆和无礼。"其中的寓意是说，在一个不可一世的强者眼中，有时候一点小小的自由都是很大的冒犯。——译者注

什么是规则建立实验（RDE）

规则建立实验（rule developing experimentation，RDE）是一种以解决问题为导向的系统性的商业流程，通过实验规范地设计、测试并修正多种概念、包装、产品或服务；开发人员和营销人员可以通过它发现客户的喜好，即便有时顾客本身无法明确说出他们的需求。

你的任务是为你的银行在市场上投放一种新型的信用卡。如何让消费者在成百上千面目雷同的产品中选择你的那张卡？市场部建议锁定某一目标消费群进行一次调查。申请单上的哪一部分会让消费者读后决定申请呢？要是我们直接询问他们更倾向于哪一种年利率、礼品、年费、外观、名字等会怎么样呢？围绕创新产品去了解消费者的想法，这听起来像是一种最精明的方式。事实上，相当多的消费者调查也是这样做的。

如你所料，这种市场调查的结果在相当程度上是可预知的。消费者希望年利率为0%，无年费或手续费，当然还要有很多容易赚取和兑换的有趣的、昂贵的礼品。

哇！这些发现是多么"深刻"啊！但是可行吗？你能实施吗？你是解决了问题还是仅仅发现了问题？通过这个实验，你是否发现了整个世界运行的规律，从而可以在未来做得更好呢？你有足够的财力将这一方案付诸实施吗？

挑战在于，很多时候消费者都不能明确地说出他们需要、想要或者喜欢什么。有没有办法解决这个问题呢？开发人员和营销人员通常被一个又一个焦点小组座谈会搞得晕头转向，尽管这些焦点小组也付出了最大的努力。当开发人员和营销人员认真地摸索并实验性地探究有哪些因素能够驱动消费者的兴趣时，不论是信用卡的功能，还是软饮料的糖分含量、包装的颜色和图案，抑或是广告的特定信息，答案通常很快就能出来，但实际上往往无的放矢。将几种系统化设计的样品模型展示给顾客（或者让他们试用），他们会告诉你他们喜欢和不喜欢哪种，以及哪些对他们来说无所谓。用于创造样品模型的实验性设计将会"奇迹般地"告诉你每一项特征（品种或成分）给该顾客留下了怎样的印象。将那些引起顾客兴趣的特征结合到一起，你就有了为畅销产品建立规则的基本思路，即便还没有消费者实际尝试过这种具体的组合。随着本书的展开，你将会在很多例子里看到这一简单而有序的流程。

不同种类的 RDE 有着惊人的相似之处，我们将具体的步骤简要介绍如下：

分析问题，找到目标产品的特征。以软饮料的配方为例，糖分、碳酸含量等变量便构成了产品的特征。在信用卡的 RDE 中，变量（特征的类别）可以是年费、年利率、备选的礼品等。每一个变量（或者说一组概念）都由几种选择组成，比如说，在你做饮料时，含糖量可以是 6、8 或 10 个单位；当你做信用卡时，年利率可以是 0%、4.00%、9.99%、15% 和 21.99%。所以，第一步就是要做好功课并组织好问题，这是最难做的一部分，也正是需要专业知识的地方。想到 GIGO（垃圾进，垃圾出）原理*，你就知道第一步的重要性了。不过，你可以抛出一揽子概念供顾客测试。流程的其他部分都是高度自动化的，几乎不需耗费太多精力。

根据专门的实验设计对要素进行混合搭配。所谓实验设计，也就是制定一项把要素组合在一起的计划方案[2]，该步骤的目标是建立一组用于测试的样品模型。第二步通常是运用工具自动完成的，该工具可以为每一位测试的参加者创建独特的设计计划，形成个性化的效用模型。

向消费者展示样品模型。如果属于有形产品，可以让测试参加者品尝或者试用。该步骤的目的是了解参与者对这一概念的购买意向、喜好或者兴趣。典型的第三步是自动化网络调查或在工厂中进行的品

---

* GIGO 是一种计算机术语，基本意思是说，数据的输出其实是由数据的输入决定的。如果源数据的质量不高，那么最终的结果必将受到影响。因此，输入正确资料是至关重要的一步。——译者注

尝测试。

分析结果。[3] 使用回归分析法建立个体化模型。实验设计的神奇之处在于它可以评估每一个单独的元素在消费者心目中产生的效用，不论这种效用是积极的（因而喜好度更高）还是消极的（因而喜好度更低）。通俗地讲，分析旨在鉴别每个元素对目标消费者产生的效用。分析过程是自动的。调查结束之后，RDE 工具就能立即生成一个效用列表（每个单独元素的分数），也就是新产品的构架。

优化。要找到最理想的产品或想法，你仅仅需要选取（通常也是一个自动的步骤）综合得分最高的效用组合。就是这么简单！

根据态度区别自然形成的细分市场。这一步骤的目的在于识别对效用保持类似态度的群体。如此区分的人群从人口统计学和社会学的角度跨越了不同的群体。通过使用态度细分为新的产品或服务创建规则，产品的接受度可以增加 10%～50%，甚至更高。当你能够为选定的人群创造超级产品之后，你就无需费心针对每个人提高产品的总体质量了。这一步骤也很简单（正如你所能猜到的），它也是一个自动化流程的一部分。

应用生成的规则创造新产品。你想专门针对注重价值的中年客户推出优化的信用卡吗？只要在工具中输入参数。瞧！这就是最好的产品！想为年轻的职业人士提供信用卡吗？你已经有了数据，只要输入你需要什么，规则就立刻生成了。[4] 这一步骤是最有乐趣的。

RDE 能够清晰地揭示消费者接受或拒绝某一产品背后的驱动因素，旨在运用知识取得市场的成功。最难能可贵的是，RDE 告诉企业具体应该做什么，而不仅仅是提供主观性的建议。即便一开始没有任何一点线索或思路，RDE 也能生成可行的规则（方向）。而且，这些规则还能作为企业持续竞争优势的源泉，因为它们揭示了商界的普遍规律。

RDE 的起源

让我们一起回溯 RDE 的起源。这是一段很有趣的历史，它分别采撷了实验心理学、商业实用主义以及其他新型社会科学中的点滴精华。

　　第一，以实验心理学为工具。 RDE是建立在感知和行为双向交流的基础之上的。如果你增加了百事可乐的糖分含量，它就会更甜。喜好度也会发生变化，即消费者可能会变得喜欢更甜的可乐。事实上，如果你想要创造出最合适的可乐，策略之一就是改变糖分含量，测量甜度，衡量喜好度，从而发现什么时候喜好度达到最高或最合适的点。这就是RDE的一个简单例子。你改变刺激因素、衡量反应、找到方式或规则、制造产品，然后就很有可能在市场上取得前所未有的成功。所以，可以说RDE的一部分是实验心理学的分支。

　　第二，是商业发展的动力。 经商意味着制造产品、提供服务，而且最重要的是尽力从中赢利。随着竞争的加剧，你提供的产品或服务越新颖（至少给人的感觉是新想法）、越优越（对于购买者而言）、越有利可图（最终扣除了所有的费用之后），你就越能处于优势。假如你属于旷世奇才，你或许凭借直觉便能判断生意场里哪些产品或宣传信息能一炮走红。而对其他99％的人而言，唯一的方法则是认真地学习经营之道，努力掌握使自己的产品或服务更加质优价廉的规则，当然，同时还要做到一路领先。除非你是那1％的天资过人或鸿运高照的预言家，否则，商业的运营最好还是因循一定的规则。这些规则将会告诉你怎样创造品味绝伦的配方，怎样更准确地把握吸引消费者的宣传口径，怎样推出更畅销的包装或者杂志。RDE的要义就是告诉你如何出色地完成诸如此类的每一项任务。这种方法屡屡奏效，而且其流程只需要花费几天而非几年的时间，在一些案例中，甚至只需要几个小时就能得出结果。如此的速度和准确性正是生意场上的制胜法宝。

　　第三，社会科学的世界观。 社会科学中以生成规则为明确目的的、正规而科学的实验方法尚属于起步阶段，只有为数不多的实验是按照心理学家和商业人士熟知的方式完成的。不过，RDE与自适应实验[5]或者自适应管理领域关联密切。自适应实验通过试误法试图找出生态学或社会学问题的答案，然后利用这些反馈推进下一步的工作。在这一流程的每一个步骤中，实验者查看数据，尝试找出其中可能存在的模式，然后调整条件。公开发表的自适应实验项目大都集中于生态学、理论科学、社会学或环境学领域，普遍耗时漫长、规模宏大，甚至举世瞩目。然而，自适应实验并不生成规则，而是通过实验过程找寻可行的解决方案。另外，与 RDE 相比，自适应实验的结构复杂，步骤繁琐，过程时间也难以控制。RDE 以实验方法论为基础，重在研究人们的心理代数学，既而踏进了社会科学的殿堂。

RDE 并不是一个新生的想法，很久以来它散见于诸多实践之中，只是需要时间去沉淀成为一个整体。在某些方面，RDE 的痕迹显而易见，有以下两种常见的情形为证：

🌑 每位家长都知道一个代代相传的简单道理：好好做你的功课，你就能升到下一年级。

🌑 农民大多都知道这样一句著名的爱尔兰谚语：最好的肥料就是农夫的脚印。

为什么使用 RDE

RDE 之所以能在借鉴其他实验分支的基础上逐步发展到独树一帜的高度，原因在于公司开始认识到商业竞争环境的本质，知道它们必须做到技胜一筹，而且开始认识到规范研发的价值。几年之前，当惠普公司陷入市场地位持续削弱的窘境时，尽管它们的产品与竞争对手所提供的产品实际上旗鼓相当，甚至更好，管理层仍然决定对市场策略进行反思，并且建立了基于实证的决策制定体系。

从某种意义上讲，RDE 帮助惠普公司扭转了局势。（关于 RDE 在惠普公司等高科技企业中的持续应用，详见第 1 章"惠普改头换面"。）金宝汤公司为其拍宝牌意大利面酱树立的目标是创造出更可口的调味汁，它们运用 RDE 策略系统化地探究能够丰富调味汁口感的成分因素，很快研制出新型的调味汁，使味道大有改进。（参见第 2 章"麦斯威尔的咖啡微积分"和第 3 章"连线美味：弗拉西克与拍宝牌面酱的故事"。这两章展示了食品企业巨头如何使用 RDE 的几个经典案例。）

倍得适（Playtex）卫生巾的任务则更为艰巨，其目标是创造一种更诱人的信息诉求，让女性感觉到既安全又私密。而对于 RDE 而言，这也是轻而易举的事情，因为它能轻易地在过程中逐步实现信息的优化，就像为电脑、信用卡或汽车定制信息一样。（关于 RDE 在信息优化中的应用，参见第 4 章"如何让人们乐此不疲地付更多的钱"。）当目标是为斯万森（Swanson）冷冻食品创造更好的促销性包装设计时，RDE 开始被设计界接纳并且表现良好，使销量得到了大幅提升。（关于 RDE 在包装和杂志封面设计中的应用，参见第 7 章"当热门科技遇上超酷设计"。）当然，谁也不能说 RDE 能够取代设计中的艺术、信息的传达或者是产品研发的技术内涵，它只是将发现和开发的流程实现了系统化。

那么在可持续创新、政治和社会领域以及股票市场上，它的表现又是怎样的呢？RDE 也找到了用武之地。（参见第 6 章"消费电子行业创新的魔方"，第 10 章"RDE 推翻了墨菲定律、颠覆了股票市场"，第 11 章"亚洲呼叫有限公司：从中国看世界"。）

这听起来不错，可是难道不需要一个兼有统计学、心理学和社会学三个博士学位的人来应用 RDE 吗？然后再转化成长长的希腊文公式？可能在一开始是这样的，可最近不是了。现在答案是"不需要"。

早年间，你若想开汽车，就需要非常熟悉发动机、传动装置和其他所有汽车前盖以及地板下那些复杂的装置，而且你还得自己维修汽车。慢慢地，更多的人需要开汽车了，汽车演化成了容易使用的工具（虽然从技术角度而言更加复杂了），这就让更多的人可以开车了。现在有多少司机甚至不知道传动装置在哪儿。对于 RDE 而言，道理也是一样的。一些由专业的学识渊博的人发明和设计的东西如今已经可以被任何一个商务人士使用了，就像使用个人电脑一样简单。更多的公司已经坚持使用 RDE，以求在残酷的竞争中生存和取胜。对 RDE 的需求又促使人们开发出新的工具，让它变得更加容易使用。不仅如此，人们在使用中还会得到很多的乐趣。借用马尔科姆·格拉德威尔（Malcolm Gladwell）的比喻[6]：RDE 现在已经达到了巅峰。

RDE 在猎狐产品设计中的应用

让我们来一起看看一个叫做"丛林猎狐"的游戏。猎狐，或者叫无线电设备追踪（也称 T 追踪或无线电测向），是无线电爱好者喜闻乐见的一种活动。我们认为，从这个游戏中所获得的一些技能可能对于敏锐的企业领导者或产品开发人员大有裨益。熟练的猎狐者能够快速而轻松地找到"狐狸"——隐藏的无线电发射设备。那么品牌经理、产品开发人员和企业的高级主管能否学会轻松地找到他的产品"狐狸"呢？带着这一疑问，我们来观看一场在阿尔伯克基举行的猎狐竞赛。[7]

无线电发射设备，即"狐狸"，被故意藏匿在某个地方，让参赛者使用无线电测向技术去寻找。这一技术非常简单，猎人需要扭动接收器上长长的天线，尝试找到正确的方位。不过，即使天线出现了些微的偏向也会影响信号的强度（天线的敏感度很高，而且信号接收范围很窄），因此不断调试天线的位置和方向至关重要。每一次调整和移动都应该让猎人离目标更近一步，只要走错一步，就会输给抢先找到方位的竞争对手。

这个故事听起来是不是和你最近所经历的事情惊人地相似呢？想想你最新的产品、最近的广告、最新的包装，再想想它们是怎么产生的。有一种猎狐是由 5 台无线电发射设备依次发出信号，每台设备发出信号的时间为 1 分钟，目标是在规定的时间内尽快找出所有的无线电发射设备。猎人需要采用一种策略并制定次序战术决策，这和产品开发人员或营销人员的工作没有什么两样，只不过猎手们玩的是寻找无线电发射设备的游戏，而不是争夺客户。

很明显，猎狐游戏和商业游戏是类似的。

🔘 公司创造新的产品或服务，而且很多时候是在一个全新的领域（我们在"野生"的森林里隐藏无线电发射设备）。

🔘 因为可能会有不止一次机会，企业必须建立创意的优先顺序列表（猎人寻找无线电发射设备的次序）。

🔘 关于新产品或服务的已知信息十分匮乏（"狐狸"的位置是未知的）。你需要非常细心地倾听客户发出的微弱信号，而有时他们自己甚至都没有意识到自己在发出新商机的信号（收听接收器传来的信号）。

　　🌏 要找出必胜的新创意，开发人员或者营销人员应该尝试多种选择，小心翼翼地测量，谨慎地前进，只有这样才能把他们所能学到的东西和成功最大化（向不同方向调整天线）。

　　🌏 有时候踟步之功却能产生重大的结果（向着正确的方向把天线作细微的调整也能产生巨大的影响）。

　　如果你回想一下这个游戏，你可能会感到自己终生都在猎狐。但更重要的是，如果你在猎狐时用了一个调频很差或者是陈旧的接收器，或是更糟糕的，你连一个接收器都没有，你认为自己能有多大的把握成功呢？你会遽然明了：获胜希望渺茫。

　　在商业环境中，道理也是一样的。如果没有 RDE 的知识和力量，无论你本人还是其他任何经营者，在探索新的产品或信息的途中都会绕很长的弯路，还很可能错失最有价值的良机。至多，你可能会和竞争对手同时发现一个或几个不错的新点子。而 RDE 则戏剧化地增加了这种几率，当然是向着对你有利的方向发展。

企业在不知不觉中运用 RDE

　　你并不是总能找到你要找的东西，但是你更不容易找到你不想找的东西。

　　怀疑论者可能会说："咳，RDE 不过是试误法的学名，对不对？"事实上，也对，也不对。说不对，是因为试误法的应用通常是完全随机的，而 RDE 则完全相反。说对，则是因为通过精明的设计和执行实验，密切观察消费者的反应，机敏地发现哪些有用和哪些没用（"错误"），最后对实验做出理智的修改，并在必要的时候重复这一流程，你由此建立了益于学习的情境，为从成功和错误中汲取经验建立了情境。你能获得成功，很有可能只是因为你仔细地考虑了问题，而且按照流程，根据规则采取措施。

在消费者清楚表达出他们的需求之前去了解消费者的心理代数学，这其中的意义是不容忽视的。很多公司已经在以各种方式使用 RDE 取得竞争优势，因此现在你有充分的理由去加速并赶超它们。

💡 在日本由"御宅族"测试新的电子产品

日本善于产品研发实验，其中不乏著名的案例。日本社会收入结构的两极分化没有西方那么明显，人们购买产品时更多的是根据个人喜好而非收入。由于个人喜好千差万别，因此日本市场上产品种类繁多、竞争激烈，而且也可能如你所预料的，各种实验层出不穷。

东京是测试新型商业创意的巨大市场。这里有大规模、高密度、多样而高效的交通运输系统，是从事社会试验的最佳场所。东京有鳞次栉比的电器街，可以让公司和消费者测试和试用最新的产品创意，以及开创时尚潮流。[8]这些街区必然会招徕御宅族（otaku）以及时尚和电子产品的专业人士。

正因如此，日本最富有活力的行业就是高科技行业。东京的秋叶原有时被人们称为"电器城"，顾客可以在这里买到任何电器产品或小型机械装置。仅这几片店铺密集的街区，电子产品的销售额就占到全日本电子产品销售总额的 10%。在这里，御宅族可以在市场上找到在全球其他地方几个月甚至几年内都买不到的产品。

在那里销售的很多产品以后不会在其他商店的货架上销售，因为秋叶原被称为早期产品的麦加圣地，供营销人员测试哪些产品能够被消费者喜欢并抢购，哪些不能。以日本第一精工株式会社为例，该公司每年都要开发出 2 500 多种新型的手表款式，从而引领市场潮流。其中成功的款式要经过反复的改良和测试，只有这些款式才有望投放至目标市场。[9]庞大的索尼公司每年也开发和测试 1 500 种左右的产品，其中约 20% 是全新的设计，但是只有一小部分能够进入国际市场。[10]有人相信，日本电子产品制造商所以在全球范围内取得成功，其始发点就源自秋叶原。为了让当季最新的产品抢先进入市场，电子产品制造商会率先将新产品的样品模型投放到秋叶原，看它们是否会畅销。面临激烈的竞争，一些产品的生命周期被缩短至几个月的时间，秋叶原由此变成了一个不断推陈出新、优胜劣汰的实验天堂。企业必须密切地监控市场上的销售状况和意见反馈，以便为产品后期的改良和最终的上市提供决策依据。在某种意义上，这种做法取代了传统意义上的市场调查。在日本创新现象的背后隐藏着这样一个事实，即历史上某些卓然成功的产品，如索尼的 PlayStation，就是在违背了公司传统观念的情形下开发出来的。

巴西在"低潮时期"留住顾客

发展中国家可以像美国、欧洲和日本那样应用 RDE 吗？这则发生在巴西的故事[11]就是一个在 RDE 的启发之下通过有效的宣传手段留住顾客的典型案例，它展示了联合利华（巴西）公司在扑朔迷离的商业环境和激烈的市场竞争中如何系统地运用 RDE，从而做到处变不惊、游刃有余。2002 年，巴西原本动荡不安的政治和经济气候变得愈加风雨飘摇，消费者开始回避包括联合利华在内的一些高端品牌，公司在巴西的处境步履维艰。

联合利华在巴西的 14 个产品类别中居于市场领先地位，主要分布在食品、家用清洁产品和个人护理产品系列等领域，这些在巴西的高端品牌包括海尔曼、家乐、奥妙、金纺、力士和新推出的多芬。尽管这些高端产品赢得了不俗的知名度和美誉度，但联合利华本身在巴西并不是一个广为人知的品牌名称。

使用 RDE 揭开了"消费者的心理代数学"之后，联合利华又应用它去推动信息的定制。这样，联合利华就找到了留住顾客的法门。RDE 推动联合利华为其新推出的顾客杂志《女歌星》（DIVA）创立了三种备选版本，发放给高端客户群，也就是联合利华的目标客户。通过观察客户的反应，辨别哪些奏效，之后修改宣传信息，联合利华重新制定的宣传信息打动了巴西客户的心。这一由 RDE 主导的系统化的应用有效地拯救了联合利华在巴西的业务，令人高兴的结果是，在各类消费品（尤其是高端产品）销售大幅下降的同时，由 RDE 推动的对顾客的认知不仅帮助联合利华留住了高端产品的顾客，还扩大了公司的市场份额。

本书在向读者讲解 RDE 的同时，会展示很多为其应用者带来巨大竞争优势的案例，当然还有其他更多内容。RDE 的成功对大部分企业来说都是唾手可得的，而且可以带来戏剧化的结果。在本书随后的案例中，你可以看到从信用卡的销售激增 200％以上，到珠宝类目录的销售回复率提升 42％并同时增加客户的平均采购额，还有弗拉西克泡菜和拍宝牌香浓意大利面酱等标志性的产品，以及 RDE 在中国和印度的大规模应用。诸如此类的案例在本书中俯拾即是。

提高认识，开始行动

在自然界里，基因突变和性结合是一个物种保持兴旺的方式，这也是任何一种商业生存发展的必由之路：持久的心理实验有助于企业在竞争中立于不败之地。继续读下去，你就会真切地认识到，RDE 是一条极其简单、极其节省也极其可控的创新捷径。

随着阅读的深入，有哪些关于 RDE 的要点需要铭记于心呢？基本要点很简单：

🌐 抓住市场竞争的核心，建立与之相适应的规范化实验和学习型文化。

🌐 边做边学，裨益良多。产品开发和宣传信息可以逐步优化，这将会大大增加市场成功的几率，因为你能够在顾客知道自己想要什么之前，也在你的竞争对手觉悟之前（除非他们也正在阅读本书），给顾客提供他们梦寐以求的产品。

提倡使用规范化的实验并不是我们演出的独角戏，两位营销界的偶像杰瑞·温德和维贾伊·马哈詹也在一直力陈实验的裨益, 因为 "面对瞬息万变的动荡环境中, 它在持续学习、驱动开发和测试创新战略、蒙蔽竞争对手、创建实验和学习型文化等诸多方面的作用……变得愈加重要了"。[12]

RDE 具有高度的实用性, 该过程可以由一支精干的团队甚至是一个人在合理的时间内以微薄的费用轻易地完成。其独特魅力在于它不要求 (甚至不期望) 使用者在高级统计学领域[13]具备深厚的功底, 只需要相对微小的投入, 就能同时实现知识和效益的双丰收, 并且能在未来产生巨大的回报。

那么, 为什么你要阅读关于 RDE 的图书, 然后在日常的商业生活中加以应用呢? 答案很简单, 因为 RDE 能够:

🔘 解决问题, 而不只是发现问题。

🔘 生成可执行的规则。

🔘 不需要高深的知识, 便于掌握。

🔘 推崇逻辑和学习。当你能够驾轻就熟地击中要害时, 你就不需要依靠猜测了。

🔘 广泛地应用于现实生活中的问题, 而不只是局限于产品和广告。

读下去, 享受 RDE 这一新领域吧! 这里蕴涵着丰富的宝藏, 光明的前景正在向你招手。

注释

[1] 苏斯博士:《火腿加绿蛋》(*Green Eggs and Ham*), (纽约: 兰登书屋, 1976 年版)。据路易斯·梅南德 (Louis Menand) 称 [《苏斯博士教会了我们什么》("Cat People: What Dr. Seuss Really Taught Us,")《纽约客》, 2002 年 12 月 23 日和 2002 年 12 月 30 日的文章], 这本书一直在儿童精装畅销书榜上名列第四。这本书源于西奥多·盖泽尔 (Theodore Geisel) (苏斯博士的真名) 和他的出版商贝内特·瑟夫 (Bennett Cerf) 打的一个赌, 而苏斯博士赢了。《火腿加绿蛋》一书中有 49 个单音节词。而瑟夫比梅南德了解得更多: 就像直到 25 年后苏斯自己才说的: "贝内特一直没给钱!"

［2］详见第 4 章。

［3］在很多案例中（特别是比较简单的），第 4～6 步通常被合为一步。

［4］见第 4 章信用卡案例中，RDE 让信用卡销量增加了 200％多！

［5］《美国营销协会营销术语词典》（*American Marketing Association Dictionary of Marketing Terms*）中对于自适应实验（AE）的定义是："an approach (and philosophy) for management decisions, calling for continuous experimentation to establish empirically the market response functions. Most common in direct marketing, it can and has been applied to advertising and other marketing mix variables. The experiment should reflect the needed variation in stimuli, cost of measuring the results, lost opportunity cost in the non-optimal cells, and management confidence in the base strategy. "（来源：www. marketingpower. com）

［6］Malcom Gladwell, *The Tipping Point* (Little, Brown & Company: Boston, 2000).

［7］"What Is T-Hunting and ARDF?"; www. home. att. net/～wb8wfk. html.

［8］Kuniko Fujita and Richard Child Hill, "Innovative Tokyo," World Bank Policy Research Working Paper 3507, February 2005.

［9］Jerry Wind and Vijay Mahajan, *Convergence Marketing: Strategies for Reaching the New Hybrid Consumer* (Financial Times Prentice Hall: Upper Saddle River, NJ, 2001).

［10］Ken Belson, "Sony Again Turns to Design to Lift Electronics," *New York Times* (2 February 2003).

［11］K. Sapiro, M. Pezzotti, A. Grabowsky, A. Gofman, H. Moskowitz, "How Can Premium Brands Survive During an Economic Recession?" ESOMAR Latin America Conference 2005, Buenos Aires, 2005.

［12］Jerry Wind and Vijay Mahajan, *Convergence Marketing: Strategies for Reaching the New Hybrid Consumer*, referenced earlier.

［13］A big proponent of this approach, Thomas Schelling (Nobel Prize in Economics, 2005), has been known to say, "I think math is used too much to show off. It's a lazy way to write… [the much harder thing is to] write clearly and use analogies that people can understand " (Kim Clark, "In Praise of Original Thought: Tipping Points and Nuclear Deterrence Lead to the Nobel in Economics," *U. S. News & World Report* [24 October 2005: p. 52]).

卖掉蓝象
如何预知顾客需求
打造未来的明星产品

第一部分

赚钱

　　直至20世纪末，RDE依然是一个深藏的秘密。在这一部分，你将看到一些知名公司发现并且事实上发明了使用RDE解决问题的有效方法。这些故事证明了RDE的实际应用，并且使它走出了纯科学的象牙塔，移驾到了企业经理的办公桌上。

第1章　惠普改头换面

在商业界里，变化是唯一不变的真理。惠普公司的经历也不例外。21 世纪初，惠普公司在科技领域独领风骚，但是这艘航母遭遇到前所未有的汹涌浪潮。竞争急剧增强，传统的利润来源受到低成本的亚洲和美国的竞争对手的双重打压。在这日益严酷的环境中，惠普公司认识到，其企业文化越来越落后于时代，变成了企业发展的障碍。

在惠普公司，大家都知道为电子消费品这种复杂而瞬息万变的产品做营销，其结果越来越难以预测。众所周知，消费电子行业存在两大特征，即闪电般的发展速度和令人发狂的不确定性。事情过后去理论分析产品的成败得失是很轻松的，甚至是一项有趣的活动，但事前分析却远没有那么简单。有很多优于同类竞争对手的产品在到达消费者手中之后便从市场上惨败而归，是营销拖了后腿？可其他有着巨额营销预算且质量上乘的产品也没能赢得消费者的青睐，反之亦然。

惠普公司的历史非常有教育意义。在 20 世纪 90 年代末的几年中，惠普公司的市场地位持续萎缩，尽管与其竞争对手相比，其产品实际上不分伯仲，甚至更好。公司面临的严峻挑战存在于它未来的客户群体：青少年，也就是成长中的高科技产品的主流消费大军之中。索尼和苹果公司与之短兵相接，它们用宣传新潮生活方式的广告吸引着年轻人。索尼和苹果各显神通，分别集中优势资源成功地展开了宣传攻势，它们要为那些产品的使用者树立风流倜傥的时尚形象。相形之下，在作家和潮流观察家蒂姆·梅瑟（Tim Macer）[1]看来，惠普的宣传方式还是老调重弹，依然强调产品的功能，而且更为严重的是，它还在喋喋不休地讲述"产品硬件的构造和技术规格"。

惠普开始觉悟了，它认识到，很多主宰了商业界数十年的产品开发和营销法则已经失灵了。尽管营销预算不断追加，营销人员也竭尽所能发挥所长，但依然无济于事。意识到这一问题之后，惠普决定改变开发和营销战略，在此基础上建立新的决策机制。机制的基本设想如下：

⬤ 讲求实证，而不是依靠主观推测。

⬤ 广泛适用于营销领域的各类问题。

⬤ 做到快速、程序化、低成本、易于使用。这不仅需要考虑营销人员的需求，而且要兼顾工程师、设计师以及其他所有涉及制定产品、市场和促销决策的人员。

⬤ 可以生成可执行的能够解决问题的规则，而不只是发现问题。

RDE与惠普的新定目标完全吻合，此举构成了公司"讲求实证"的典范之一。惠普公司大范围地使用RDE并取得了"惊人的成就"。[2]作为惠普家用系列产品客户洞察小组的负责人，德沃夏克·弗兰克（Dvorak Franco）承认："我们的营销方式缺乏其他领先品牌的实用性、生动性和说服力，也没有真正有效地发挥作用。现在是时候回归到最基本的要素，着手测试消费者的偏好了。"

惠普起初计划使用传统的经典市场调研方法，通过轮番的焦点小组和调查问卷去测试所有的营销元素，从产品特色到促销、包装和定价。这些前期工作完成之后，就用所谓的"传统定量研究"（如调查问卷）衡量惠普营销工作中每个元素的效果。那种逐步的、连续的、传统的计划注定费用高昂，需要大量的人力而且进展缓慢，而更糟糕的是，结果依然无法做到精确。

让我们稍微偏离一下主题，来细想一下惠普为什么以及如何决定不再倚重焦点小组，而更倾向于采用 RDE 这种规范的智能开发方式。现在不少人都知道，焦点小组座谈会不像以前人们期望的那样有效了，而且很多公司已经开始谨慎起来，不像以前那么依赖它了。雅虎公司首席营销官卡米·邓纳威（Cammie Dunaway）在 2005 年 9 月的硅谷会议上宣称：“我的调研部门不知道，其实我已经不再使用任何焦点小组了。”[3]邓纳威决心告别像用单面镜看“动物园里的动物”那样去观察人类的行为方式。雅虎选择了“消费者洞察法”，由产品开发人员与使用者自由交流，不再设主持人予以干涉。另外一个大企业——饮料界的大亨可口可乐公司，也公开宣称了类似的看法，而且说法更为强硬。据报道，可口可乐的前任营销主管塞尔吉奥·齐曼（Sergio Zyman）说：“焦点小组座谈会纯粹是浪费时间，参加者为了能尽快回家，只顾告诉你你想听的。”[4]

在福特厄尔联合公司（Ford & Earl）设计专家的帮助下，遵照优化集团（Optimization Group）市场调研顾问的指导，惠普开始严格地按照 RDE 的方式去测试和优化新的理念和创意，引导目标消费者群体使用专门的网络模板。从那时起，简单易用且价格合理的互联网工具[5]就开始应用到 RDE 中，负责所有的“举重”工作。惠普面临的一项最重要的任务是识别特定问题，将其条理化，然后把总结出来的这些特点放到 RDE 互联网工具中（引言中 RDE 流程的第一步）。RDE 的其他步骤就由这个工具完全自动地进行引导和处理，这对于任何一个在竞争环境中需要迅速做出反应的公司来讲都是件好事。这个系统“自动”运行，“混合搭配”惠普公司创意的各个特点，建立新样品模型（第二步），并且把这些样品模型通过网络调查模板交给被调查者评估（第三步）。

在惠普的应用案例中，RDE 改变了公司思考如何回答一个问题的方式，即“我们应该在这个产品中加入哪些元素才能刺激消费者的购买欲望”的问题。惠普和其他公司一样，在过往的经验中一直习惯于引导消费者为产品的特色或元素逐一打分。这种打分方式从来也没真正地生成惠普所需的那种可行的结论，因为在现实生活中顾客所面临的是包含了几种不同元素的更为复杂的产品内容。而且传统的方式（现已被 RDE 所取代）看来不能区分出创意和创意的表达方式之间的差别。RDE 帮助惠普发现了实质的重点（说什么）和正确的语言（怎么说）。在阅读本书的过程中，你会看到 RDE 在一个又一个行业中的反复应用，具体是如何解决这一重大商业问题的。

在网络调查结束后，这些调查的结果会立刻进入分析过程（第四步）。最后，RDE 工具自动生成关于消费者喜欢什么和不喜欢什么的可行性规则，并且就向消费者说什么才能引发他们对产品的兴趣提出建议，明确怎么说和向谁说（第五步到第七步）。

用弗兰克的话说，这次 RDE 的应用为惠普的产品设计人员和营销专员们带来的成果可以被称为"永远在线的情报系统"。这家以技术见长的公司已经以一种对其而言前所未有的方式和规模，让消费者参与到了每一个初步设计和营销决策中。

以下是惠普及其顾问所描述的流程：

> 这个流程是高度程序化的。一般情况下，在 24 小时之内，福特厄尔联合公司就能把（RDE 项目）放到网上，并且向调查参加者发出邀请……在第二个 24 小时之内，目标样本（1 000 个或更多被调查者）就被联系到了……这样（惠普的设计师、工程师以及产品和项目经理们）就能知道此次提议的产品能否在消费者那里取得成功……通常一个周期是 48 小时，但紧急的调查可以在更短的时间里完成。

惠普的第一个目标是测试然后优化新的促销活动。这次惠普熟练地应用了 RDE 的威力，在竞争愈加激烈的市场上取得了成功。把"细分"消费者对于提案中不同元素的评估反馈被贴在会议室的墙上之后，营销人员对于他们基于事实的决策方式更有信心了；随后，他们也因此而充分享受了更辉煌、更稳定的成功。

作为工作中应用 RDE 的一个典型案例，促销仅仅是个开始，因为它只是卖出已经开发出的产品。那么，RDE 如何在企业内部、高科技的研发实验室以及营销团队中发挥作用呢？它所面临的挑战，或者说企业实际应用 RDE 的任务，就是找出能够使惠普区别于其他竞争对手的"某些东西"。

和其他公司一样，惠普也囿于以往的做法难以自拔，包括以前的产品开发方式。在工程师的脑海乃至整个惠普公司的理念中，根深蒂固的习惯是"一次一个"的策略。这种惯常的单线程思考问题的方式可能会导致开发人员、调查研究人员和市场营销人员事倍功半，甚至误入歧途。这种简洁的、"一次一个"的调查虽然看似直截了当，但它不能区分消费者对产品目录的基本兴趣和他们对实际提供的产品的特殊兴趣，同时也无法确定"好"和"极好"之间的界限。RDE 则跳出了那种简单的一次一个的窠臼，展示给参加调查者多种不同的样品模型或情境，能多快好省地衡量参加调查者对于每个样品模型的"直觉"，确定"哪种可行"，然后将其合成一组新的更好的点子。就其实质而言，RDE 将外在的世界拆析为具体的单位，从而帮助惠普创立了一个多快好省地理解消费者心理代数学的方法。

当战略规划的价值受到置疑时，梅瑟说，鉴于这项研究能够提供对现实世界如此清楚和定量的聚焦，它有足够的实力去抵御非议的阻力或者来自高级管理层的错误判断。惠普并没有止步于提供这种更清楚的聚焦，而是把 RDE 延伸得更远。不同于多数在结构和论题上有所不同的点对点的研究项目，惠普运用 RDE 的规律去揭示更广泛的"元形态"，该形态展示了更广阔的图景，在更宽阔的幅面上展示蓝图的模式，跨越了产品、类别、国家和时间。惠普充分发挥了自然规律的作用，以此推动企业向前迈进。

不断丰富的 RDE 案例库为消费者洞察团队带来了全新的便利条件，使他们能轻而易举地将来自不同知识开发任务的数据整合到一起。随着 RDE 数据库的充实，苦苦追寻的"形态"出现了。显而易见，跨越许多不同的产品线，惠普吸引了两类思维定式迥异的消费者群体：

🌟 第一类——紧跟科技发展潮流，能够自行搭配组合单独的零件，喜欢甚至陶醉于组装零件的挑战；

🌑 第二类——更喜欢完全装配好的产品，最好所有配件从箱子里拿出来就能使用。

这些知识帮助惠普聚焦于正在进行的营销工作，不仅提高了工作效率，并且时间将证明：最终的利润更可观。RDE 提供了具体的数字，说明哪些创意具有感召力，以及如果运用得当，这些感召力的具体强度。RDE 明确地展示了要选择哪些创意和如何将其传达给消费者。[6]

除了发现以外，RDE 还为惠普贡献了一件礼物，即公司多年来孜孜以求的基于事实和知识的全新视野。作为惠普所有活动的基础，这种技术和科学导向得到了进一步升华，公司的发展方向也得到了重新确立。在工程师的启发下，惠普的营销人员发现，RDE 能够告诉他们应该采取哪些具体的措施去逆向解析竞争对手的营销策略，从而找出哪些策略是切实可行的。他们是怎么做的呢？惠普把竞争对手宣传册中和网站上的图片、标语和语句放到 RDE 的工具中（IdeaMap. NET），便迅速地发现了竞争对手的所有文字和图片的效果。[7]这是一项惊人的成果——发现貌似强大的对手竟然存在意料之外的弱点：

> "我们居然可以用这种方式测试我们的竞争对手，这的确令我（德沃夏克·弗兰克）感到惊愕不已。这件工具可以告诉你哪些宣传富有感召力，哪些对顾客是无效的。"[8]

结果，RDE 促使惠普从消费产品的定价、产品的组合以及折扣计划等各个侧面分别审视和重组了营销策略，既而建立了更加明确的目标。为了加强对年轻顾客的诉求，惠普对广告和其他宣传材料进行了改进。结果证明，最有效的信息组合就是在非常生动的时尚生活背景中展现产品的照片，放弃技术规格的描述。"技术"退出了，其他描述产品的方式登台亮相。

至此，RDE 为惠普的消费品营销提供了新的焦点，事实证明是奏效的。2006 年《电脑世界》杂志评选的十佳傻瓜相机中，惠普占了三种（包括第一名）。[9]还有，《电脑世界》评选的三种顶级笔记本电脑中，惠普占了两种。[10]

注释

[1] 本章中惠普的故事和引文的相关信息来自：Tim Macer's "How Conjoint Turned Around Hewlett-Packard," *Research Magazine* 435（August 2002：18 - 20) and "DYI MR ASAP OK?," *Research Magazine* 432（May 2002：42 - 43).

[2] 同注释 [1]。

[3] David Kiley, "Shoot the Focus Group," *Business Week* （14 November 2005）：120 - 121.

[4] 旧式的焦点小组座谈会方式仍旧有它的信徒，尽管百事公司推出的新可乐 Pepsi Edge 遭遇惨败，而且其总的新产品失败率达到 90%。他们相信这种方法只是需要一些修正（Hy Mariampolski, "Still in Focus," *Research Magazine* 468 [May 2005]：16)。

[5] IdeaMap. NET.

[6] 更多 RDE 在高科技行业组合创新方面的应用参见第 6 章。

[7] 关于逆向解析竞争对手的营销细节参见第 5 章。

[8] Tim Macer, "OK Computer," *Research Magazine* 435（August 2002）：18 - 20.

[9] "Top Ten Point-and-Shoot Cameras." Edited by Eric Butterfield. PCWorld. com, October 13, 2006（http：//pcworld. com/article/id, 123719；page, 1/article. html).

[10] http：//pcworld. com/ic/laptops/.

SELLING
BLUE
ELEPHANTS
RDE

第2章　麦斯威尔的咖啡
微积分

可能在大家的意料之中，RDE 最早的案例来自食品饮料行业。食物的烹饪在人类进化的道路上发挥了巨大作用，而"使用 RDE 烹饪"已被证明对企业在竞争激烈的世界里取得更大的成功具有决定性的影响。

和现在这个日新月异的年代相比，历史上推出新菜肴的速度非常缓慢。所谓"民族风味"，可能是许多代人不断试验和开发的结果。大多数自然的烹调试验都是规模很小、速度很慢的随机尝试：将原料放在一起，用火烹制，然后品尝。这些偶然的试误会在某种大致的食物形态上停止。不过，由于品尝的人提出了自己的意见，人们仍然继续进行着微小的改变，例如味道和外观。随着饮食文化的成熟，一些产品成为"代表性"的食物；虽然部落首领努力维护传统，但试验仍在进行，就好像追求"更好"是人类基因的一部分。

这就是食物与人类文化的故事。现在开发出的很多新型的包装食品中，只有一小部分是伟大厨师的功劳。而最新消息是，食品试验很少像以前那样采取偶然而缓慢的方式。企业不鼓励也不允许缓慢和随意的步调。食品开发的过程很大一部分成为科学设计的实验，也就是

RDE。远古人类花费数百年甚至数千年才完成的实验，现在只要几个礼拜就能完成了，而且结果也更有针对性。

必须事先指出的是，与概念、广告信息或创意相比，RDE 在食品上的应用属于更加劳动密集型的工作，因为在概念、广告信息和创意中，RDE 的过程更加自动化，也不需要准备食物或品尝。不过，当你准备食物，即制作实际的样品时，可能会有很多的乐趣。

本章和第 3 章将带你进入企业的厨房并了解它们的思维方式。我们将向你展示食品和饮料实验的结果，包括 3 个大企业及其产品的 RDE 案例。有一句话总结了我们想要和读者分享的肺腑之言："一个优秀的企业，最重要且最显著的特征就是'重在行动'，也就是愿意去尝试和实验。"[1]我们所举的 3 家企业也确实做了实验！让我们从这些例子中去体验 RDE 最初的成功果实。

更好喝也更赚钱的组合：
麦斯威尔应用 RDE

RDE 与随机的试误法最大的不同点是，该实验具有追求主动、组织严密且计划周详的本质。在我们的第一个案例中，你将会看到通用食品公司（现隶属于卡夫食品公司）如何使用 RDE 去了解咖啡、了解咖啡爱好者品味的规则生成过程，以及这一规则（但不见得受欢迎）的实验如何造就更多的利润，当然还有市场上的成功。

咖啡的罗曼史

咖啡的消耗量、种类以及咖啡专卖店的数量均以惊人的速度增长。星巴克连锁店从 1989 年的 55 家增长到 2006 年的 1 万多家，美国境内自营咖啡店的数量则更多。过去的几十年中，咖啡的改变比之前咖啡豆历史上的所有改变加起来还多。为了说明这一点，让我们来看一看咖啡的历史。

最近的研究显示，咖啡树起源于埃塞俄比亚，后来传到也门，并从 6 世纪开始人工种植。自开罗和麦加的咖啡屋开始，咖啡逐渐从提神饮品变成了一种喜好。到了 13 世纪，各地的穆斯林把喝咖啡变成了一种宗教行为，非宗教人士也受到了感染。于是，伊斯兰教传到哪里，咖啡就跟随到哪里，如北非、地中海和印度。

随后，咖啡的历史变得更加有趣。阿拉伯半岛成功地保持了垄断，当地人将出口的咖啡豆烤干或煮熟，让它无法发芽。直到 17 世纪，印度朝圣者巴巴·布丹（Baba Budan）偷偷带出了一些咖啡豆，垄断的局势才从此被打破。随后不久，威尼斯的商人把咖啡引进了欧洲，竞争开始了。

1696 年，荷兰人在其殖民地爪哇（现印尼的一部分）建立了第一座欧洲人拥有的咖啡种植园。18 世纪初，法国国王路易十四的宗亲荷兰皇室送给了他一棵咖啡树，种在巴黎的皇家植物园。数年后，这棵树剪下的一些枝杈被带到马提尼克（Martinique）（这是另外一个离奇惊险的故事了）；之后 50 年里，这些树枝长成 1 800 万棵咖啡树。咖啡树又从马提尼克传到了巴西，全世界最大咖啡王国的传奇就此诞生。到了 1800 年，巴西惊人的产量让咖啡从上层社会的享受变成了大众化的日常消遣饮料。[2]

从罗曼史到白袍化学家：
今天的咖啡

RDE 在咖啡中的应用始于 1950 年前后，大约是咖啡被发现的 1 500年之后。

我们会看到每一桌坐有 6 到 10 人，每个人面前摆着一套托盘和杯子，杯子里面装满了咖啡。咖啡杯上的编号是随机而无序的，例如 473、219 等。杯子以一定的顺序排列，但绝不是依照编号的大小。托盘前面有一叠白纸，我们被告知那些是"选票"。一个身穿白袍的人（可能是实验室技术人员、化学家或任何其他的什么"家"）正在指示大家怎么做。根据指示，被测试者试喝咖啡，然后按照自己感受到的偏好强度在白纸上写下一个一定范围内的数字。半小时后，被测试者已喝了 6 杯或 12 杯咖啡，看过、闻过、品尝过每一杯咖啡，并写下一个又一个数字来表示他们的评价。偶尔，被测试者会拿起一杯水，喝一点、漱口、吐到一个接到桌子下的大盆的漏斗里。然后回到手头的任务上，继续品尝咖啡，然后再一次地观察、闻、品尝，最后评分。这看起来好像很有趣，每个人都专注于手上的任务。他们沉浸在整个过程中，俨然是在从事一项"工作"。

现代 RDE 就是这样开始应用于食品工业的，在一个看起来像实验室的房间里，我们的测试参加者（或称小组成员）认真地为他们试喝的咖啡打分。当初的实验条件十分简陋，与今天依靠电脑、模型辅助的营销部门所面临的情况相差甚远，但是它标志着这一全新而卓有成效的企业解决方案的开端。RDE 帮助企业以更快的速度开发出更多的产品，获取更多的利润。

前述的 RDE 在 20 世纪 50 年代进行过数十次，如今在经过改进之后，又重复了上千次。测试参加者试喝的咖啡是产品开发人员系统地调配出来的样本，开发人员希望能够从中发现神奇的配方，一种比其他任何咖啡都更令消费者心旷神怡的配方。他们当初（现在也仍然一样）希望通过这样的方式发掘出突破性的产品。

所有的这些希望和愿望，连同所有关于发展趋势的文章，都不能真正地帮助产品开发人员破解咖啡的密码，方法唯有一个，那就是扎实地做功课。不论是星巴克、福杰仕（Folgers）、麦斯威尔、拉瓦萨（Lavazza）、唐恩都乐（Dunkin Donuts）还是其他大大小小的咖啡公司，它们在创造新口味时，所用的测试流程都跟我们前面描述的相差无几。可能房间更现代化、装修更精美一点，或者以电脑取代了白纸"选票"，但是就最主要的部分而言，我们很难说现在的测试方式与 50 年前相比有太大的差别。不同之处在于，50 年前的咖啡市场上只有少数几家公司，而且时隔很久才推出少数几种口味；而现如今的咖啡市场上，竞争者的数量在呈几何级数增加，因此也不再有充裕的时间进行慢悠悠的测试和再测试，或者在局部地区试卖后再推广到全国。

另一个更显著的不同点就是：纯正完美的咖啡时代已经一去不复返了。这一点既构成了企业挥之不去的阴影，也给 RDE 创造了舞台。鉴于咖啡文化已成为一种现代社会流行的现象，面对激烈的竞争，咖啡的口味和种类不得不持续翻新，从爪哇可可碎星冰乐、波尔本酒蛋糕到维也纳香草肉桂，口味应有尽有。全球化使得情况更加复杂起来，而且难以控制。各地消费者的喜好不同，有时大同小异，有时则大相径庭。有没有一种简单而高效的方法，可以根据人们与生俱来的不同味蕾使咖啡的种类和口味达到最优呢？

如果全球化是个问题，那么选择太多就是与之相伴而生的问题，二者一样难以处理。如今，有些公司提供了种类繁多的口味，例如圣乔治咖啡公司（San Giorgio Coffee Company），其咖啡的种类与口味多达 240 种。[3]公司要找出最佳产品的时间非常有限，因为消费者的口味在不断地变化，市场竞争在日益加剧。市场上的竞争者每天都在增加，不断地蚕食公司的核心品牌，赢利变得越来越艰难。一方面，同行间彼此互不相让；另一方面，咖啡还要和市场上其他的热门饮料一争高下。所以，不只是咖啡在彼此竞争，还有茶、软饮料、运动型饮料和其他各种新出现的饮料，都在竞相吸引消费者的味蕾和钱包。

食品行业采用了统计学家发明的 RDE，但是由于企业界追求的是"绩效"，RDE 便演变成寻找"优胜者"的技术以及帮助企业获利的工具。当然，这套工具也带来了很多功课，让人们忙于认真研究自己的产品，倾听消费者的需求，然后在这个过程中找出"优胜者"。

麦斯威尔使用 RDE 寻找更好且更赚钱的咖啡配方

星巴克、麦斯威尔、福杰仕和雀巢等咖啡公司是如何创造出如此美妙的产品的？当这些企业想生产出更好的产品去扩大市场份额，或者在接踵而至的竞争对手的逼迫下不得不改良产品的时候，它们又是怎么做的？凡是尝试过混合不同咖啡豆来创造某种口味的人都知道，这种做法并没有想象中那么简单，不过，一旦配制得当，结果可能会创造出令人飘飘欲仙的饮品。

20 世纪 80 年代，作为通用食品公司麾下的饮料和食品品牌，麦斯威尔享有很高的声誉，而且相当成功。数年前，麦斯威尔咖啡因女演员埃尔莎·兰彻斯特（Elsa Lanchester）而声名鹊起，其生产基地坐落在新泽西州的霍伯肯市（Hoboken），生产工序是由加工生咖啡豆开始的。根据不同种类的咖啡豆，用不同的温度和不同的时间加以烘培，最后产生的是口味各具特色的不同配方。如果以正确的方式冲泡，就能得到味道浓郁、令人惬意的咖啡。

由于消费者的口味和咖啡豆的种类都会发生改变，所以，年复一年地依靠同一种咖啡配方是不够的。为了确保产品持续畅销与赢利，麦斯威尔开始探索一种企业操作系统，以指导工厂里的咖啡配制人员维持质量的稳定性。如果咖啡豆的价格呈上涨趋势，咖啡采购商就要把全年的利润都赌在飘忽不定的货源上；如果配方中使用的某些咖啡豆价格骤然下跌（其实这类情况经常发生），咖啡采购商也会丧失大赚一笔的机会，甚至沦落到血本无归的境地。不仅是价格，咖啡豆货源的稳定性也是问题，有些豆子在特定时间会发生供应短缺，原因不是麦斯威尔或任何企业所能控制的。此外，麦斯威尔还需要一套系统来保障企业的生存，以确保知识由系统保存下来，而不是任其掌控在少数几个无可替代的专业人员手中。

在 RDE 问世之前，制造咖啡配方的工作是由少数素有"金舌头"之称的专家，也就是所谓的咖啡小组负责的。这些专家受过专门的训练，能够用精准的词汇来形容咖啡的味道（例如果香、牛油般的口感、焦味、焦糖味等），他们定期聚在一起评鉴咖啡。和其他厂商一样，麦斯威尔并不以专家评鉴为唯一依据。通过专家的评鉴之后，新的最终产品仍会召集消费者进行测试，旨在确保新开发出来的咖啡能受到市场的认可。上至总裁，下至品牌经理、实验室技术人员，没有一个人敢拿麦斯威尔这个品牌及其咖啡本身开玩笑。

然而，自 20 世纪 80 年代中期之后，咖啡产业在几年的时间里遭遇了一连串的震荡:咖啡豆价格像溜溜球一样忽高忽低;不稳定的经济环境加上日益激烈的竞争,对企业来说无异于雪上加霜。麦斯威尔认识到价格波动将影响企业赢利,同时也了解到 RDE 可以在动荡的局势中保护并优化企业的经营状况,于是率先采用 RDE 发起了咖啡测试,从而开创了 RDE 应用于饮料测试的先河,利用 RDE 来确保品质以及价格的稳定。

了解了业务背景之后,我们再来看麦斯威尔如何在 RDE 的帮助下开发新产品。我们将会看到麦斯威尔如何提高品牌价值、创造更可口的咖啡,进而在使用 RDE 之后的 5 年之内大幅提高了公司的利润水平。虽然我们是按照一系列的步骤来讲解这个系统的,但并不是所有 RDE 调查都要亦步亦趋地依照这个固定的程序进行。现实和理想之间往往存在差距,这意味着企业在应用 RDE 时难免要对程序进行反复调整。稍后我们会介绍这些,里面也包含了有趣的故事。

麦斯威尔做了什么? 怎么做的?

RDE 不能单凭空想就取得成功,而需要周密地计划。

步骤一: 发现问题,并决定以实际行动去发现企业面临的具体问题

这个道理看起来谁都明白,当产品质量下降、不再符合规格要求的时候,每个人都会意识到这一点。在理想的商业世界里,所有的产品都应符合规格要求,这些质量规格实际上是开发者在一开始就设定好的。麦斯威尔和其他咖啡生产商一样,事实上也和所有消费产品公司一样,生存在一个充满竞争的世界里。麦斯威尔定期地测试产品,将自己的产品与竞争对手的产品进行对比,从中发现产品在哪些方面不符合规格,并采取必要的措施加以改进。有一次,他们从检测竞争对手的生产过程中发现了问题。在同时购买了麦斯威尔和竞争对手的

产品进行测试时，市场调研部门指出有些麦斯威尔的产品表现不如预期。让接受调查的消费者选择他们喜欢的咖啡时，很多人并没有选择麦斯威尔的产品（在所谓"双盲口味测试"中，咖啡品牌会被隐藏起来）。表2—1为双盲测试结果的范例。通常，测试结果是以简单表格的形式出现的，类似于患者在医院化验后拿到的检验报告。数字本身是乏味的，但经过训练有素的专家解释后，实验结果（不论是公司的口味测试还是患者的检验结果）既可能让人大喜，也可能让人大悲。通过处理这种数据可以发出警告信号，让企业意识到召开紧急会议的迫切需要。

表 2—1　竞争产品检测表格范例

	1号检测结果 MH 明显地落后于竞争对手的品牌		2号检测结果 MH 与竞争对手的品牌不相上下	
	MH	品牌 A	MH	品牌 B
整体得分				
整体偏好	66	71	64	63
购买欲望（前两名%）	58	69	56	54
外观得分				
整体外观喜好	71	68	70	74
颜色喜好	76	70	78	80
浅色：深色	17	21	15	17
气味得分				
整体气味喜好	58	65	61	60
气味强度	58	67	55	50
品味/口味得分				
整体口味喜好	59	67	63	65
口味强度	69	64	66	60
细腻口感	51	59	47	46
苦涩	59	54	55	58
焦味	55	52	54	59
余味强度	68	63	66	71
喜好度（%）	43	57	51	49

注：测试参加者需要在"蒙目"的前提下品尝麦斯威尔（MH）和另外两个竞争对手的咖啡（品牌A和品牌B）。（出于保密考虑，数字已被修改；优胜数据的表格为灰色。）

大多数企业都会进行竞争产品检测，不论以正式还是非正式的形式，这样才能让产品的问题显现出来。这些检测是一种"预警装置"。通常来说，对竞争产品的检测可以发现问题，但无法提供解决方案。可能的原因是持续地节约成本所导致的不可避免的产品品质下滑，更常见的原因也可能是随着时间的推移，消费者的口味不可避免地发生了改变，致使产品失去了吸引力。

根据员工职责和个人利益的不同，对于调查结果可能有不同的解释。负责采购咖啡豆的部门会认为问题在于消费者口味的改变，而不是由于他们为了压低购买价格而导致的原料品质与口味的改变。不管企业是否愿意承认，为了在短时间内节省成本而牺牲品质的现象是经常发生的。产品开发经理可能会坚持认为产品本身与咖啡豆的品质没有问题，而是生产规范没有得到严格执行，必须创造新产品或改良现有产品配方才能满足消费者多变的口味偏好。

监督采购与产品开发的市场营销部门只希望产品销售得越多越好，因为销量是该部门业绩评分的标准。麦斯威尔的市场营销部门不知道为什么本公司的产品在市场上表现欠佳，但仍必须负起责任解决问题，防止市场占有率继续下滑。假如在双盲测试当中，消费者明显地偏好某两种产品中的一种，且这两样产品的广告与促销手段基本相同，那么时间一长，相对不受欢迎的产品将逐渐失去市场占有率。其失败不可避免，只是时间早晚问题。

步骤二：创造并测试多种呈规则变化的样本

仅仅发现问题并不能解决问题，不论调查报告写得多好，结果表达得多么清楚，也不论是谁作的报告。这个道理也同样适用于产品的开发。"好味道"没有固定的配方，而广告公司也不可能靠诱人的广告一直愚弄消费者。假如咖啡不好喝，消费者迟早会改买货架上"比较好喝"的其他品牌。尤其当竞争对手的咖啡真的比较好喝时，公司就永远失去了这些消费者。

麦斯威尔的产品开发部门认识到，必须找出能够吸引消费者的一

系列咖啡豆与恰当的烘培方式。这一工作必须按部就班地进行，而不
是随机尝试。开发人员需要生成规则，生成的规则将在以后的几年中
指导麦斯威尔采购原料、混合咖啡豆，乃至基于 RDE 中发现的重要感
官特征来定位市场。

那么产品开发部门如何决定该将哪些因素列为实验中的变量呢？
第一要考虑范围的大小。为了得出最佳的结果，实验的样本种类应该
保持足够的数量。以索尼与精工表为例，索尼每年推出几百种产品；
精工则是测试几千种产品，只为从中选出最适合的。第二要借助于经
验。如果产品开发者是咖啡市场的新手，明智之举恐怕是先从书本、
杂志、顾问或其他来源认识各种原料；购买一些咖啡豆，以各种不同
比例混合，让消费者试喝；让他们评价喜好度，然后找出可行的配方。
产品开发部门的任务在于选择价格合理、接受度高、来源稳定的咖啡
配方，以追求产品优异的市场表现。

麦斯威尔使用了直截了当的开发策略，也就是不断测试、从中学
习、再测试，直到"得到正解"为止。咖啡研究人员拥有多年经验，
不需要从零开始，他们已经从多年的尝试与错误中了解了咖啡。对消
费者和产品都需要有系统的研究调查。

只知道研究的主要变量还不够，人们最感兴趣的是万众期待的咖
啡豆的神奇配方。产品开发当中最有效的 RDE 研究方法需要系统地调
整咖啡的实际配方。表 2—2 中显示了 5 种实验配方，以及麦斯威尔目
前在市场上的产品配方。第一列代表 4 种不同的咖啡豆（A、B、C、
D），产品开发人员将这 4 种咖啡豆混合成不同的配方（实验样本）。
统计学家已经设计了变量的不同组合，产品开发部门只需要按照实验
计划进行，根据他们对咖啡豆的认识把计划变为现实。此外，品尝测
试产品的消费者不需要知道配方中包含了什么，他们只需要试喝产品，
然后指出喜欢（或不喜欢）实验样本的程度即可。RDE 最后会列出实
验样品的配方，并告诉研究人员如何分析结果，以及将配方调整到消
费者更喜欢的程度。

📀 **表 2—2　麦斯威尔 RDE 研究的样本配方及评分** ⎯⎯⎯⎯⎯⎯⎯⎯⎯⎯⎯⎯

产品	样本 1	样本 2	样本 3	样本 4	样本 5	现有产品
咖啡豆 A（%）	15	15	55	35	35	
咖啡豆 B（%）	15	55	15	15	15	
咖啡豆 C（%）	55	15	15	35	15	无
咖啡豆 D（%）	15	15	15	15	35	
咖啡豆成本（单位）	76	27	63	19	58	
喜好度评分（0＝讨厌；100＝喜爱）						
喜好度：全体被测试者	47	64	56	48	58	53
喜好度：偏好苦味的群体	54	56	67	62	61	48

注：在口味测试中，消费者给 5 种不同的咖啡配方打分。实际的咖啡豆配方比例以代码表示。

简而言之，即使你认定某些配方一定不好喝，也要根据实验计划的要求来混合不同配方比例。RDE 的成功要素相当简单、具体而且有启示性：做足功课，不要害怕测试太多样本。将重复性高、繁琐的工作外包出去，这样能使你专心创造更好的产品。最重要的是，不要急于做出评断，有很多伟大的产品曾经被企业高层拒绝过。这样的例子历史上屡见不鲜。别把孩子和洗澡水一起倒掉，要测试所有的可能性。

💡 步骤三：请消费者试喝实验样本并评分

进行样本试喝测试是非常直截了当的，只是组织者要注意很多细节。例如，要提供现煮的咖啡，在适当时间让被测试者拿到该喝的样本，并且一定要有适当的口味测试控制，以保证活动的专业水准。

麦斯威尔的研究人员进行了一场试喝测试。他们将消费者带到一个集中的地点，在 17 种样本中，包括麦斯威尔和竞争对手现有的产品，由每位消费者以随机方式试喝 8 杯。然后，消费者根据喜好的程度和其他特色打分。尽管着重强调了实验的严肃性，但和很多其他的实验一样，这次的 RDE 变得很有趣。消费者们很喜欢这个实验，麦斯威尔的技术和市场营销工作人员也很兴奋，因为他们意识到咖啡的密码即将被破解。

我们并不认为 RDE 和新产品开发与人性有很大的关联，相反，在我们的观念里，这属于很严谨的商业与科学流程，与个人兴趣和风格无关。但是，麦斯威尔的案例不是这样。麦斯威尔的产品开发人员迫不及待地检查消费者完成的问卷，想知道新开发的咖啡样本的平均得分高不高、是否高过两个主要竞争对手的产品和麦斯威尔现有的产品。这 3 种产品在这次实验中被设为比较基准。类似的小插曲在许多 RDE 产品测试中都发生过，因为参与产品开发和改良的人员对产品成功与否充满了期待。不过，产品成功与否，消费者才是最终的裁决者。

以麦斯威尔的例子来说，RDE 得到了一组可以受用十几年的数据资料。表 2—2 中列举了 5 种测试口味和进行 RDE 时麦斯威尔已有的产品，第一行的数字代表 4 种咖啡豆的比例（A、B、C、D 分别对应 4 种主要咖啡豆：巴西、中美洲、哥伦比亚以及罗布斯塔）。很明显，消费者对某些组合的喜好胜过麦斯威尔市面上已有的产品。

步骤四、步骤五、步骤六：稳操胜券：发现人群中的不同 "味蕾"（分析、优化与细分市场）

表 2—2 中的数据告诉我们，通过创造不同配方的样本，麦斯威尔找到了一些消费者认为比较好喝的优化了的咖啡。但是仅此而已吗？通用食品公司的科学家通过观察发现，人群中有不同的 "味蕾"，即消费者有着不同的口味偏好。例如，在麦斯威尔的实验中，所有的消费者都表示喜欢 "浓郁醇厚" 的味道，但数字却透露出不同的信息。数据显示，人们的喜好分为几类。当麦斯威尔的研究人员将 RDE 中得出的数据画成线图时，结果与图 2—1 的 "苦味：喜好度" 非常相像。也就是说，到某种程度为止，咖啡的苦味越强，消费者越喜欢。但过了某个程度后，其喜好度反而降低。

进一步的研究让通用食品公司发现了一个绝佳的机会。通过按照消费者的喜好把他们分组，可以呈现出 3 个细分市场。有人喜欢偏苦的咖啡，有人喜欢不苦的咖啡，其他人则偏好苦味适中的咖啡（见图 2—2）。让麦斯威尔惊讶的是，三组消费者都说自己喜欢浓郁醇厚的咖

啡。在心理认知上，他们想要的是味道强烈的咖啡，然而各自的味蕾
却自有主张。可见消费者对"强烈"一词的认知不尽相同。

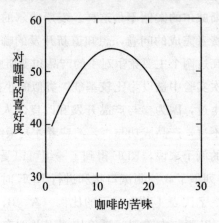

图 2—1　咖啡消费者对苦味喜好度的整体平均曲线

注：咖啡越苦，消费者越喜欢，直到"最满意点"或咖啡"最好喝"的时候。过了这
个顶点，咖啡变得太苦，消费者开始不喜欢了。

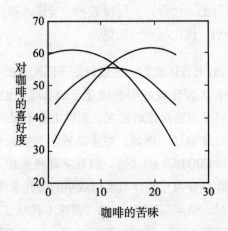

图 2—2　三个细分市场对苦味喜好度的曲线

注：RDE 将消费者分成不同"味蕾"组。

实验结果清楚地表明消费者并不真正知道自己想要什么。他们在
尝试之后可能就知道了，却不能准确地描述出自己的愿望。马尔科
姆·格拉德威尔曾在加州蒙特瑞市举行的 TED2004 年研讨会上深入地

探讨过 RDE 这个议题，他说：

> "人们不知道自己想要什么……这是一个谜，要了解我们自身的需求与口味，首先必须认识到我们有时就是无法解释内心的需求。"[4]

这是 RDE 很重要的一课。麦斯威尔的管理层得出的结论是，这不只是一个产品的问题，也是不断改变的消费口味的问题。套用神探福尔摩斯的话："游戏正在进行中。"

步骤七：从实验中学习：找出能够创造更好咖啡的更好咖啡豆组合的规则

麦斯威尔测试了各种配方，收集了消费者的评分结果，最后发现了 3 种咖啡味蕾。接下来呢？麦斯威尔的产品开发人员如何搞清楚这些配方，又如何找出创造神奇配方的规则？我们在此不详细讨论统计学家和研究人员当时和现在是怎么做的，但我们应该注意在他们为食品业进行 RDE 时所遵循的那些具体原则：

1. 以产品开发与市场营销人员熟悉的既有统计方式创造"咖啡模型"。 这个模型是一组将 4 种咖啡豆与被测试者评分串联起来的方程式（数学规则）。通常，研究人员会用电脑软件把配方和得分绘制成图形，如图 2—3 所示。不过稍后我们会看到，使用简便的 RDE，电脑软件就能轻易地"调整"到理想的组合。

咖啡模型能提供许多信息，不仅局限于咖啡配方与消费者喜好度的关联。消费者就不同方面给予评分（例如外观、气味、口味、口感等），给每种咖啡产品赋予独特的"感官印记"。根据采购部门提供的原料成本数据，麦斯威尔通过咖啡模型便能得知未来产品的成本。研究人员从产品开发部门与采购部门获得了"产品成本"的数据，因此可以计算出每杯咖啡的成本。因为有些咖啡豆便宜，有些则较为昂贵，所以每种配方的成本有所不同。成本分析在 RDE 中占有重要的地位，能让产品开发人员在确定改良的咖啡时，也能确保该产品的成本是可承受的且有获利的潜力。如果没有原料成本分析的机制，实验中表现

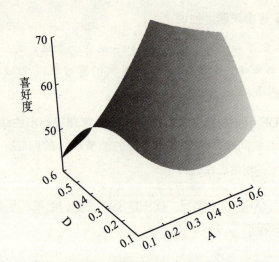

**图 2—3 三维平面显示了 4 种咖啡豆当中的两种 (变量 A 与变量 D)
对消费者喜好度的影响**

注: 要知道喜好度的高低, 先要找到变量 A 与变量 D 的值, 然后往上找该组合与平面交汇之处。4 种咖啡豆的实际 RDE 平面要复杂得多, 但通过便利的电脑软件便能得出数据, 供企业进一步研究。

较好的咖啡在上市之后有可能因成本太高而不得不推翻所有的前期工作。RDE 的模型以成本为基础, 要求产品开发人员、市场营销人员以及生产商事先就设定产品的品质和成本, 并提示他们是否要为可能创造的最佳咖啡配方 (或最佳咖啡豆组合) 限制成本。

2. 使用咖啡模型合成最佳的新咖啡 (饮品)。追根究底, RDE 真正的商业目的是: 找出成本合理的最佳咖啡。对麦斯威尔来说, 这个目标要稍微修正一下: 找出 3 个细分市场都给予高度评价的最佳咖啡配方 (3 个细分市场是指喜欢又苦又浓的、喜欢香味重而浓度中等的通强烈的, 以及喜欢味道恬淡的)。以咖啡模型合成咖啡配方是软件的任务, 产品开发人员只要给出方程式就可以了, 配方是自动生成的。

表 2—3 是 "模拟咖啡" 的一个例子, 包括 3 种不同的方案。就像现代许多高科技一样, 产品模型是在个人电脑上运行的统计模型, 并不复杂。产品开发人员或市场营销人员可通过模型找出当前市场价位下咖啡豆的特定组合, 从而能够获得最高的喜好度、合理的成本以及

产品的感官印记。

表 2—3　使用 RDE 生成咖啡配方

咖啡豆种类	整体排名最佳	整体排名 最佳且成本更低	最适合追求 苦味的被测试者
咖啡豆 A	20%	30%	33%
咖啡豆 B	39%	30%	27%
咖啡豆 C	20%	20%	20%
咖啡豆 D	21%	20%	20%
咖啡豆成本（单位）	65	50	46
喜好度			
所有被测试者	59	56	55
偏好苦味的被测试者	60	65	68

回顾麦斯威尔从 RDE 中学到的东西：
关于咖啡、消费者和公司自身

　　麦斯威尔的管理团队在这个项目成功之后进行了一系列分析。在这个项目中，他们实际付出的努力超乎了预先的想象。的确，启动项目的理由非常直截了当，早期的报告指出可能是产品品质的问题，尽管这种推测证明并没有太大的偏差，但问题的本质一直到 RDE 项目执行完毕才明朗化。

　　咖啡计划最困难的部分是找出恰当的配方、改良产品，以便让品牌继续存活下去。资料收集的过程可以说天衣无缝。确实，大多数企业已经完善了找出产品问题的流程，但是描述问题的语言不够清晰明确，充斥着很多"如果"、"可能"之类的字眼，亦不乏惺惺作态般的曲意浮夸，似乎想说明这些问题就是为 RDE 而产生的。

　　结果的确证明 RDE 成效显著，不但将麦斯威尔从束手无策的窘境中解救了出来，更教会了他们建立资料库的方法。RDE 以快速、有效、成本低廉的方式生成规则，并且以知识为基础，得到更好的产品。
这个故事的结局是什么？借用马尔科姆·格拉德威尔的话说：

> "如果我要你指出一个所有人都满意的咖啡品牌（一种咖啡或
> 煮法），然后为其打分，平均分数大概会在百分制的 60 分左右。
> 但是，如果我将大家分成 3 或 4 个组，然后为每个组制作一种咖
> 啡，那么满意指数会从 60 分提高为 75 分或 78 分。60 分跟 78 分
> 的差别在于，前者是让你不置可否的咖啡，后者是让你心花怒放
> 的咖啡……霍华德·莫斯科维茨带给我们最大的启示是，接受人
> 类的多样化可以让我们找到真正的快乐。"[5]

麦斯威尔的咖啡销量提高了 15% 以上，这就是他们让竞争对手付
出的代价。

呀！这正是埃里森所孜孜以求的：一个 RDE 应用于食品开发领域
的实际案例。埃里森迅速掌握了这个概念，不过她还需要从更多的案
例与实际操作中学习。她很快就会知道，RDE 在食品生产方面的应用
比在产生创意或收集信息方面更为艰难。但是，这不会阻止她前进，
她的精力与决心比许多在大企业工作的人更强，而且她没有像他们那
么优越的条件，可以将任务分派给感官科学家和统计学家。所以，采
用规范的 RDE 似乎是她成功开发产品的唯一希望。

我们相信，有各位读者的陪伴，埃里森在读完下一章后，将对
RDE 的应用有更深刻的了解和更坚定的信心。

下一章将结束 RDE 在食品生产方面的应用，你会看到 RDE 如何
在改良产品之外开创全新的商业机会。所以，坐好，放轻松，我们一
起来品味弗拉西克公司（Vlasic）制作的美味泡菜和金宝汤公司的拍
宝牌面酱的故事。

注释

[1] Tom J. Peters and Robert H. Waterman, *In Search of Excellence： Les-
sons from America's Best-Run Companies* (New York： HarperCollins, 2004).

[2] Sources： www. nationalgeographic. com/coffee/ax/frame. html and www.

coffeeresearch. org/coffee/history. htm.

[3] Source：www. sangiorglocoffee. com.

[4] Malcom Gladwell. "What every business can learn from spaghetti. " TED Conference，February，2004，Monterey，CA，www. ted. com.

[5] 同 [4]。

第3章　连线美味：弗拉西克与拍宝牌面酱的故事

诸多泡菜，诸多机会

让我们告别咖啡，转向泡菜——就是浸泡在盐水、辣椒、蒔萝和其他香料中的黄瓜——的世界。泡菜不像咖啡那样富有魅力，但是有些人对它情有独钟，甚至组织像"纽约市年度国际泡菜节"[1]这样的大型活动。

泡菜的历史

泡菜的历史比咖啡还要悠久，可以追溯到远古时代，虽然没有准确的起源时间，不过据估计已有4 000年以上的历史了。纽约食品博物馆的资料显示，泡菜曾受到不少历史上知名人士的青睐。在这里我们也要像介绍咖啡一样讲述一下泡菜有趣的历史和一些独特的故事。[2]

黄瓜在《圣经》中至少被提及两次（分别是《民数记》第11章第5节以及《以赛亚书》第1章第8节）。根据历史记载，3 000多年前的西亚人、古埃及人与希腊人就食用黄瓜。公元前2030年，原产印度的黄瓜被带到底格里斯河流域,并且首次被腌制成泡菜食用。

亚里士多德曾经赞扬腌渍小黄瓜的治愈功效,埃及艳后则说她的美貌有一部分归功于泡菜——至于是哪一部分我们就不得而知了。一些科学家认为埃及艳后是将西瓜浸在盐水中,而不是像现在常见的那样将小黄瓜浸在醋中。不管怎样,这些同属于泡菜家族。古罗马皇帝提比略每天都食用泡菜,凯撒大帝则认为泡菜可以让人精力充沛并促进健康,故而号召他的军团和自己一起享用。在欧洲各地,泡菜受到广泛的欢迎。

伊丽莎白女王喜欢泡菜,拿破仑则视泡菜为军队的保健品,他甚至用相当于 25 万美元的奖金悬赏来鼓励人们研发保存食物的安全方法。1809 年赢得奖金的是一个名叫尼古拉·阿培尔(Nicholas Appert)的法国厨师兼糖果师,他首先发明了将泡菜装在玻璃瓶中保存起来的做法。

讲到泡菜的历史,就不能不提到莎士比亚的一些相关描述。莎士比亚的剧作中不止提到了泡菜,更拿泡菜来作比喻:

"喔,哈姆雷特,你怎么会跟泡菜一样狼狈?"(《哈姆雷特》第 5 幕第 1 场)

"是一位绅士……该死的这些腌鲱鱼!你怎么啦,醉鬼!"(《第十二夜》第 1 幕第 5 场)

"你说什么?滚开,讨厌的恶棍,否则我要踢破你的眼球,像踢我眼前的皮球;我要拔光你的头发,让你受铁丝鞭打,然后把你浸泡在卤水里,像泡菜一样慢慢痛死。"(《安东尼与克莉奥佩特拉》第 2 幕第 5 场)

对泡菜的喜爱也一直是美国人的民族特色。这是一件好事,美利坚合众国的简称是以阿美利哥·韦斯普奇(Amerigo Vespucci)命名的,而他原本是在西班牙塞维利亚贩卖泡菜的一个商人,他为出海的船只供应腌制的蔬菜,以防止船员在航海的远途中患上坏血病。虽然发现美洲大陆的是哥伦布,但韦斯普奇的公共关系显然做得比哥伦布出色,美国就以他而命名。所以,现在我们称美国为美利坚合众国,

而不是哥伦布合众国，甚至也不是韦斯普奇合众国，而这也许是一件
好事。

乔治·华盛顿是个泡菜爱好者，约翰·亚当斯与多莉·麦迪逊也
是。托马斯·杰斐逊曾经这样描述泡菜：

> "在弗吉尼亚炎热的天气里，我觉得没有什么比得上辣泡菜更
> 让人浑身清爽，从萨莉阿姨地下室楼梯间拿出来的泡菜，味道像
> 鳟鱼一样可口。"

据说许多现代名人也是泡菜迷。男演员比尔·寇斯比、女演员弗
兰·德瑞斯契、前纽约市长爱德华·科奇、"守护天使"的创始人柯蒂
斯·斯里瓦只是据传为泡菜鉴赏家的名人当中的少数几位，连猫王都
喜欢吃炸泡菜。

美国每年消耗大约 27 亿磅的各式泡菜，也就是说，每人每年要吃
掉 9 磅！泡菜自成一个产业，并有国际泡菜制造商协会这样代表性的
行业组织。泡菜背后也有科学的存在，不少专业人士花费了数十年的
时间钻研改良泡菜的制作过程。泡菜也是个大产业。看看超市里琳琅
满目的调味品区，你会发现各式各样的泡菜，还有许多熟悉的名字
〔例如波兰式泡菜（Polski）、家常泡菜（Bread & Butter）、半酸泡菜
（Half Sour）、犹太泡菜（Kosher）、低盐泡菜（Low Salt）等〕。此
外，消费者可选择的泡菜形状和做法也五花八门，有整条、半条、长
条、夹心切片、冷藏切片等，不一而足。那么，现在我们要考虑的是，
如何深入了解泡菜世界并从中获利呢？

当货架上的泡菜遇到了顾客

多年来，泡菜都由家庭自制，通常只在当地销售，往往带有浓厚
的传统和传奇色彩。纽约的格斯泡菜（Gus' Pickles）就是一个例子。

就某方面而言，弗拉西克可以说是中西部的格斯泡菜。弗拉西克公司
位于密歇根州郊区，制造泡菜已有数十年的历史，如今已经开始使用
现代化的营销理论来开发及销售产品，一切运营活动都按照计划进行。
公司在密歇根州郊区建了新的总部，雇用了干练的市场营销人员与产
品开发人员，开始在消费市场的丛林中全力冲刺。

　　弗拉西克公司只有一个小问题：产品知识和消费者偏好。大部分
人都吃泡菜，但不常吃。当然了，除非是吃泡菜上了瘾。此外，人们
对泡菜并不像对咖啡、可乐或香烟那样忠诚于特定品牌。泡菜就是泡
菜，对他们来说都一样。人们经常在家以外的地方吃泡菜，但并不知
道正在吃的是哪种泡菜，更不用说品牌了。某种泡菜可能很好吃，消
费者也会对其味道稍加称赞，但很少有人会指名要某种品牌的泡菜。
不管泡菜有多好吃，它从来就不是人们注意的焦点。

　　弗拉西克的品牌经理与营销副总裁都属于泡菜行业的老兵，他们
认识到了这个大好机会。当时大家对人们喜好的泡菜种类不甚了了，
团队一致同意尝试用 RDE 创造更美味的泡菜。他们并没有轻率地做出
这项决定，因为这意味着开辟泡菜世界的新天地，必须一炮打响。
RDE 的应用不仅帮他们创造了更好的泡菜，而且结果令他们喜出
望外。

　　如同前一章我们探讨的咖啡案例一样，泡菜的故事也是从试吃竞
争对手的产品开始的。这次摸底调查显示，弗拉西克的泡菜虽然好吃，
却少了一点"什么"。以最高 100 分的满意度而言，弗拉西克泡菜的得
分在 50～55 分之间。在有经验的研究人员看来，这表示泡菜还不错，
但仍不算非常好吃。当研究人员更详细地查看结果时，发现了一件除
了泡菜专家之外没人注意到的有趣事情。遍尝在市面上销售的所有泡
菜，味道不是比较寡淡就是居中，但肯定不够浓烈。接受测试的消费
者在 3 个测试地点给市面上可以买到的几种口味的泡菜打分，以表示
他们的喜好度。结果，半数以上的人对少数几种口味浓烈的泡菜给予
了较高的评价，而对味道寡淡的泡菜给予了较低的评价。不知何故，
产品开发与营销人员无意中把他们的努力集中在了生产只满足市场上
40％的消费者的泡菜上，而事实上少数市面上味道非常浓烈的泡菜受

到了 60%的消费者青睐。其中的原因现在回过头来看是不足为奇的：产品开发人员选择了中庸之道，他们推出的泡菜虽然不会得罪人，但也无法令人欣喜。

公司的产品开发人员运用 RDE 创造了 40 种实验性的泡菜样本，然后让消费者来测试。他们开发出了具有"高冲击力"的泡菜，这种"口味刺激"的泡菜是市场上其他产品从未有过的。实验并未明说卤水中要放些什么才会让泡菜吃起来很"刺激"，这靠的是多年来制作泡菜的经验、对黄瓜与卤水透彻的了解，以及对消费者偏好的直觉。RDE 将食盐、大蒜、辣椒、其他香料、酸味料等放入配比公式中，然后以不同的比例组合调配出实验样本。

不过，进行消费者测试之前，他们认为应该在公司内部先进行一下品尝，或者至少要试试泡菜的卤水，目的是确保制作出来的泡菜各具特色，而非大同小异。于是，公司在底特律机场的候机贵宾室里举办了一场非正式的品尝会。现在回想起来，那真是一个难以忘怀的下午，资深的发明者和三位公司的专业人员、营销人员以及产品开发人员很快得出一致的结论，认为项目正在正确的轨道上运行。有些卤水味道平淡，有些极为"刺激"却美味至极。至于 10 月份的那一天在底特律机场品尝卤水的 4 个人，他们当场就预感这个项目很可能挖到了金矿，因为在 RDE 的迫使下，他们遍尝了风味迥异的各种泡菜，发现其中的一些口味达到了登峰造极的境界。

后来的事实证明，他们确实是挖到了金矿。几个月后在消费者当中进行测试，结果证明消费者喜欢口感更好、味道更浓烈的泡菜。此外，RDE 还向弗拉西克公司揭示了一个更深刻的道理。如果你读过第 2 章"麦斯威尔的咖啡微积分"，你应该不会陌生：喜欢泡菜的顾客不止一种，而存在三种截然不同的顾客，也就是喜欢味道强烈的、居中的以及味道寡淡但口感爽脆的。不久之后，弗拉西克就推出了一系列的泡菜，从低盐到香辣一应俱全，结果证实了这一点。香辣口味的泡菜味道最浓烈，成为目前销售成绩最佳甚至可能是有史以来最好的产品。通过把 RDE 的原理应用在技术中与消费者身上，弗拉西克公司破解了泡菜的密码。

弗拉西克的营销人员也了解到，必须用某种方法将这些新口味烙印在消费者的脑海里，让他们知道泡菜可以具有不同的口味。这个概念现在已经很普通了，但由于当时这个口感细分市场和掌控产品分类的新规则刚刚被发现，这个概念并没有那么显而易见。消费者可不会坐等下一个泡菜产品的出现，那么企业该如何将这些新发现的概念传达给顾客呢？弗拉西克的营销人员发明了一个类似温度计的"口味刻度"来表示刺激度。他们不仅使用 RDE 来开发泡菜，也改良了相应的包装和宣传。在食品行业，类似的做法至今仍被广泛使用。图 3—1 是"口味刻度"在现代应用的一个例子，用来表示辣椒的"辣度"。这个刻度能令人一目了然，消费者一看就能准确地知道辣椒的"火力"如何，很容易记忆和传达，也证明口味的差异可以为企业带来利润。据他们说，其余的工作就是发掘泡菜的历史，以及让泡菜成为传奇了。

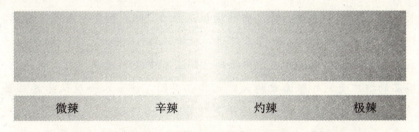

| 微辣 | 辛辣 | 灼辣 | 极辣 |

图 3—1　弗拉西克原创的用来表示香料口味轻重的"口味刻度"

注：现在已广泛用作辣椒的"辣度"标识。颜色变化从浅灰（微辣，左边）到白色（中间）、再到深灰（极辣，右边）。

你中意的意大利面酱：
拍宝的故事

这是我们运用 RDE 进行食品开发的最后一个故事，也是令作者感触最深的一个，因为故事的结局是意大利面酱排山倒海般占满了超市的货架。如今，资深发明人能够在位于普兰诺市（Pollenzo）的意大利烹饪大学告诉学生，如何在即便不使用意大利产的番茄品牌或者意大利称为"金色苹果"的番茄的情况下，用科学的方法制作意大利面酱。

番茄的历史

虽然 1893 年美国最高法院在尼克斯诉海登（Nix vs Hedden）一案中裁定番茄可视为蔬菜的一种，但是严格来说，番茄其实是一种水果。[3]根据美国农业部的资料，美国人平均每人每年消耗高达 22 磅的番茄，其中一半以上是以番茄酱或番茄沙司的形式消耗的。[4]事实上，美国人吃掉的番茄比其他任何一种水果或者蔬菜都要多。

从阿兹台克人与印加人开始种植番茄起算，番茄的历史可以追溯到公元 700 年。番茄产自美洲本土，因此意大利人制作番茄产品的专长可说是起源于进口。哥伦布的远航队伍在 1493 年最早发现了番茄，探险家从中美洲带回了种子。不过，欧洲人在 16 世纪才第一次认识了番茄，之后番茄很快便在地中海地区的国家中受到欢迎。但是越往北，番茄的推广受到的阻力就越大，尤其在英国，许多人一度认为番茄虽然好看却有毒，其美洲殖民地原先对番茄也心存疑忌，多年后才逐渐接受。19 世纪初期，美国新奥尔良的欧洲后裔用切碎的番茄做秋葵杂碎汤和什锦海鲜饭，不过在美洲和欧洲其他地方，番茄仍只是花园里的观赏性植物。直到 19 世纪中期，番茄才渐渐在美洲得到了广泛食用。[5]

RDE 应用于意大利面酱的故事跟之前两个故事有着同样的开端：金宝汤公司举办的品尝会结果令人失望。说到对番茄颇有研究的专门机构，人们公认非金宝汤公司莫属，然而当初 RDE 项目刚开始时，该公司仅把注意力集中于汤类产品上。他们觉得番茄类的意大利面酱产品才刚起步而已，市场当时由拉古（Ragú）（意大利肉酱）占支配地位。想要在美国创造出味道纯正的意大利面酱，这无疑是一个挑战。问题不是能否制作出地道的意大利原味——正宗的像出自意大利妈妈和大厨之手的意大利面酱是可以做出来的——真正的问题在于美国口味，没人清楚地知道美国的消费者喜欢什么样的意大利面酱。在讨论麦斯威尔咖啡和弗拉西克泡菜的过程中，我们也看到了同样的问题，原因也如出一辙。核心在于观念的标准：无论是意大利面酱、咖啡或是其他一系列食品，所谓"正宗"以及"美味"，究竟应该采用怎样的感官标准予以定义呢？马尔科姆·格拉德威尔在一篇题为《番茄酱的难题》的文章[6]中一针见血地指出：观念上的认同标准是客观存在的，但当我们想要创造符合认同标准甚至超越现状的新产品时，有时却不知道从何处着手。

经过消费者口味测试之后，金宝汤的产品开发团队和许多番茄专家明白了一个浅显的道理：意大利面酱似乎不只是需要番茄那么简单。但是，到底需要什么呢？他们不知道该加些什么、该怎么做。谈到意大利面酱的原料，有很多选择。不像咖啡，能够混合的咖啡豆种类是有一定限度的，大概就是三四种；也不像泡菜，大部分泡菜有了酸味料、大蒜、辣椒和其他几种香料也就差不多了。

至于意大利面酱，研究人员观察消费者在家中的情况（人文调研方法），跟他们交谈（焦点小组座谈）。结果出乎意料，他们的行为模式并不像预先期望的那么简单明了。研究和小组座谈中的多数消费者从市面上买回意大利面酱之后，并不是按照厂家预先设定的方法直接拿来使用，每位参加者都想制作自己的个性化食谱，他们或多或少都会将产品改造一番，最后呈现在家人面前的意大利面酱已和当时在商店买回的产品截然不同了。他们在买回的产品中融入了自己的诠释，因而呈现到餐桌上的面酱变成了新的品种。

马尔科姆·格拉德威尔在 2004 年写道："15 年后的今天，几乎每个品牌都推出多种不同口味的产品，人们可能很难想象这在当初是个多么重大的突破。拉古和拍宝这两大品牌曾经只专心于追求理想中的经典意大利面酱……用意大利的传统方法制作……可是，一旦从人类多样化的角度来看，正统与否、传统与否似乎一点也不重要了。"[7]

拍宝实际的做法有些不同。产品开发团队没有立刻拿已知的原料来实验，而是先做功课。看到消费者对意大利面酱进行加工的情况，他们了解到绝对不是改变 4 种原料的比例就能解决问题的。当然，他们也没有用所有的原料去做意大利面酱，至少开始的时候没有。拍宝的开发策略是，先将容易获得的利润赚到手，一年之后再创造更复杂、更完善的意大利面酱。我们这里讲得有点超前了。真正的工作是确切定义做什么，然后再动手。真正艰巨的任务在于事前周密的筹划，尤其是在完全没有任何先例可以效仿的情况下。相对于意大利面酱而言，咖啡与泡菜简单得多，因为它们制造的感官体验的范围相对较窄，不论专家怎么说，后两者也没有这么多种原料可以添加。意大利面酱的味道复杂，不论是制造商用的原料还是消费者加的配料，均种类繁多，几乎可以用交响乐来形容。除了番茄味道的强度之外，还有口感、颗粒的类型或混合物的种类、味道特色，更别提辛辣度、甜度、酸度了，这些都会影响意大利面酱的整体味道。

项目的进展颇为顺利，至少在探索阶段是这样，当然还要在实际投入和预期效果之间求得某种平衡。金宝汤的产品开发人员很快认识到了问题的复杂性，他们选定了 6 种据说能够影响满意度的原料，根据 RDE 的要求创造出了 45 种不同口味的意大利面酱，然后进行实验。RDE 的逻辑仍然很简单，其目的在于发现最好的意大利面酱原料组合，找出可以创造最佳感官体验的简单法则。不要追求多多益善，随着感官强度（例如甜味）的增加，消费者一开始可能会说越来越喜欢该产品了；到了中等甜度之后，消费者会最喜欢该产品（这是最适宜的度，不是"狂喜"点）；达到这个最适宜的甜度之后，再增加甜度，消费者的喜好度反而会下降。若画成曲线图，感官强度与喜好度的关系图形看起来会是一个倒 U 形，开发人员对于每种原料测试了最少 3 种截然不同的水平。意大利面酱共有 6 种原料，每种可能有 3 个变化，因此总共创造出 3×3×3×3×3×3 个品种，也就是 729 种组合。所幸的是，从事 RDE 的开发人员有一条捷径，不需要做出 729 种组合。只要有正确的统计模型，做出 45 种甚至 29 种就足够了。45 种意大利面酱还是很多，不过我们稍后会看到，这些努力得到的回报是丰厚的。

45 种意大利面酱这个数目庞大的实验样本对于任何产品开发人员来说都十分棘手。45 种不同的意大利面酱该如何测试？它不像试喝咖啡，麦斯威尔举办咖啡试喝时，只要用不同容器煮咖啡就可以了；它也不像试吃泡菜，打开罐头，把一块泡菜切成 4 小片然后分给 4 个人即可。意大利面酱必须快速现煮，并在两三分钟内趁新鲜赶快浇在热气腾腾的意大利面上，然后趁热送到试吃的消费者面前。读者可以想象，3 个瓦斯炉为 1 组，每个瓦斯炉有 4 个火眼，12 口锅同时烹煮 45 种意大利面酱中的 5 种，然后将煮好的酱料分批送给等待中的消费者试吃，这个过程要分 9 次。[8] 在不同城市以不同顺序测试过 45 种意大利面酱后，试吃工作总算完成了，公司也收集到 300 多名消费者的评分结果。

就像其他 RDE 一样，在最后结果揭晓之前大家都屏息以待。产品表现好不好？新的意大利面酱就要出现了吗？以拍宝的例子来说，实验的成功简直令人不敢相信。意大利面酱样本的表现不同，有的得分较高，有的比预期差。然而最重要的结果是，他们发现意大利面酱的消费者明显地分为 3 个不同的细分市场，而每一个细分市场之中都有一种最佳产品，得分在 65 以上（满分为 100）。这是个绝好的消息，就像麦斯威尔与弗拉西克的个案一样，不过更多、更好。消费者在被问到哪种是他们想要的下一代意大利面酱时，很多人的答案指向用新的原料调制的意大利面酱。

长话短说，我们略过意大利面酱的历史。拍宝推出了一系列新型的意大利面酱，而不只是一种。其中，一种是原味或传统口味的；一种是辣味的，旨在吸引喜好浓烈口味的消费者；第三种则是吸引喜欢颗粒口感的消费者的。这三个完全不同的细分市场有着完全不同的喜好，其中最重要的算是最后一种。为什么？因为当时超市里还没有超大颗粒的意大利面酱，而且很多人在尝试之后发现自己原来喜欢这种口感！

往后的数年里，拍宝的管理团队与产品开发人员继续使用 RDE 模型以新原料设计新型的意大利面酱，就像通用食品公司的管理团队用它来设计咖啡、弗拉西克公司的管理团队用它来设计泡菜一样。事实上，"设计新产品配方"是 RDE 的一项成果，因为其规则能够引领新产品的开发。RDE 模型持续主导产品开发、确保企业获利，而消费者研究则不断测试以蘑菇、肉类、蔬菜为原料的新产品的接受度。

拍宝的竞争对手也意识到了 RDE 测试的价值。为避免落伍，竞争品牌开始效仿拍宝的策略，针对同样的细分市场推出新产品，有的甚至试图破解拍宝的产品，以便在这个快速成长的市场上占据一席之地。由于 RDE 造就了拍宝的成功，意大利面酱的市场竞争进一步加剧。根据芝加哥敏特尔调研公司（Mintel International）的调查，2004 年意大利面酱的市场总值达到了 16 亿美元，2007 年增加 6%。[9]且看原本居于市场霸主地位的拉古公司吧，它只能眼睁睁看着拍宝从它的手中掠夺市场。面对拍宝的成功，为了保持竞争力，拉古不得不在少数几种意大利面酱的基础上增加品种。现在拉古旗下有 6 个子品牌，总计 36 种意大利面酱，都是针对拍宝通过 RDE 发现的细分市场而设计的，其中包括传统的老式口味、颗粒蔬菜口味、浓烈口味、清淡口味、奶酪口味以及浓郁肉香口味，换句话说，全美国几乎男女老幼都可以找到自己喜欢的口味。

15～20 年前，市面上只有少数几种意大利面酱可供选择，现在它已经成长为蓬勃发展的产业。随着越来越多调料开始竞争有限的货架，零售商也不断增加店面和销售人员。新泽西州灵哥斯市（Ringoes）维杜奇食品市场（Verducci's Food Market）的总经理乔·亚历山德多（Joe D'allessandro）说：“我们摆放意大利面酱的货架有 64 英尺长，是去年的两倍。”“现在高级的特制酱料种类繁多，顾客喜欢多番尝试，同时也买得更多了。”纽约州哈兹戴尔市（Hartsdale）的特寇超市（Turco's）销售的意大利面酱就有 20 多个品牌，包括自家品牌的新鲜酱料。1 夸脱包装卖 5.99 美元，一个礼拜的销售量大约为 500 加仑*。[10]

“食践”是检验的唯一标准。今天，假如到超市里逛一圈，你会看到数十种不同的意大利面酱，其中很多都是利用 RDE 生成的第一代、第二代或第三代数据创造的。美味可口的意大利面酱琳琅满目，有些甚至属于引领市场潮流的创意作品，像令人意想不到的海鲜口味的面酱，当这一品种还处于萌芽状态时，拍宝便率先将其推出了。

对于我们这些消费者来说，这有什么重要呢？第 2 章提到过的曾

---

* 美制 1 加仑＝4 夸脱＝4.546 09 升（用于液体和干散果粒）。——译者注

在加州蒙特瑞市 TED2004 研讨会讨论 RDE 议题的马尔科姆·格拉德
威尔是这样回答的:

> "事实上这非常重要……霍华德·莫斯科维茨彻底改变了食品
> 业满足消费者需求的思维方式。过去,食品业想知道消费者要什
> 么、怎样才能满足消费者,第一个想到的方法是直接询问。多年
> 来,拉古和拍宝两个品牌都会举办焦点小组座谈会……然而这么
> 多年来……没有人提到想要超大粒的意大利面酱。事实上,至少
> 1/3 的消费者内心深处确实喜欢这种口感,只是人们不知道自己
> 想要什么。"[11]

拍宝最后的结果究竟如何? 10 年之内,拍宝的新产品为公司赚进
数亿美元。时任金宝汤公司的市场调研总监莫妮卡·伍德(Monica
Wood)后来回忆道:"我们发现的第三个细分市场(喜欢意大利面酱
有很多'料'的顾客)完全是处女地,因此 1989—1990 年间,我们推
出了拍宝超大颗粒意大利面酱,旋即赢得了巨大的成功。"[12]

RDE 完成了哪些任务? 是如何完成的?

阅读至此,读者应该清楚地认识到,RDE 不只是让企业疗伤止痛
的一下午的心理辅导课——让参加者暂时放下与商业相关的桎梏和限
制,采取崭新的心理状态。如果一位外部的旁观者目睹了整个 RDE 的
过程,他会说什么呢? RDE 不是变魔术,不会有令人恍然大悟的"啊
哈!"。它就像为了备考的苦读,或者更确切地说,像运动员在长跑之
前加紧锻炼的艰苦历程。

本章和前一章中我们提到了三个故事,一个是关于麦斯威尔咖啡
的,一个是关于弗拉西克泡菜的,还有一个是关于拍宝意大利面酱的。
这些故事并非发源于某位特立独行的高级主管,不是他对新一代产品
的突发奇想,假想自己坐在购物车里或在消费者的家里、盘子里、杯

子里甚至心里揣摩他们的想法。这三个故事之所以发生，是因为企业在面对一些难题时，自己有勇气去实验；只要采用一般的方式对产品进行测试，它们就能发现产品的表现并不像人们预想的那么好。没有什么魔法棒一挥就改变一切的奇迹发生，没有一个断然的起始点，世界不会因为某种咖啡、泡菜或意大利面酱的问世而在一夜之间发生革命性的大改变。相反，一切都是因为人类会随着时间渐渐改变。消费者总是不断地改变，并对一成不变的商品感到厌烦。在自由选择的市场经济里，十几家供应商同时等着将商品卖给善变的消费者是很正常的，消费者会发现其他的咖啡、泡菜或意大利面酱，既而改变自己的口味偏好。

那么，RDE做了什么？我们看不到企业发生重大改变的证据，也没有什么大规模的泡菜、咖啡或意大利面酱改造计划。相反，一切如常。唯一的不同之处在于，为了解决问题，这些企业决定彻底了解产品的表现，根据实验模型的多种可能性创造出许多样本，进行大规模的实验，以此作为学习与修正策略的依据。事实上，RDE以简单而有条理的方式完成设计、执行以及资料分析的全过程。真正令人兴奋的是，由原始资料计算出平均数，再由平均数导出不同感官偏好的细分市场，而细分市场最后变成可重复利用的公式。推到极致，企业可以使用以RDE为基础的模型或公式来设计产品，连专业经验不超过两三年的初级产品开发人员或品牌副经理都可以做出成果。有了这些作为未来产品的后盾，公司可以彻底享受它们第一次实践经验的硕果，而且可以实现连年丰收。

实用的秘诀与经验

任何一个商业故事都有尾声，并留下智慧的只言片语供读者回味。那么这里我们要说什么呢？仅仅是把科学应用到食品行业吗？我们要归功于我们的母亲们吗?不尽然。如果真要我们说从 RDE 中学到了什么,那就是:切勿心存先入为主的偏见,不要删减预算,不要因为实验听起来很冒险就立刻打消念头。相反,要采用科学的方法实验,而且多多益善。实验并不等于冒险。虽然只是为了做出一点试吃的样本就要花费那么多时间去煮咖啡、做泡菜或意大利面酱,但企业追求的是引导它们设计产品的法则、蓝图和指标。它们要认识到,主观色彩越强烈,学到的东西就越少。

或许我们从 RDE 中学到的最重要的东西就是:没有人能长生不老;在实验过程中做出表现欠佳的产品,既不会让公司的财务报表轻易毁于一旦,也不至于让产品开发或营销人员一辈子活在痛苦之中。产品设计公司 IDEO 是美国最具创意的企业之一,它的办公室里流传着一句话:"经常的失败意味着快速的成功。"[13]失败不过是实验与冒险的另一面。假如一个人不去冒险,很可能永远不会成功。以查尔斯·施瓦布(Charles Schwab)创办的嘉信理财公司为例,在成功地创造了交易网站 e-Schwab 之前,他们经历了无数次的失败。嘉信理财的历史就是一连串的冒险、失败、修正、更多的冒险、然后取得成功的典范。施瓦布自创的一个词汇叫做"可贵的失败",它已成为企业不断向极限挑战的动力。大量的实验样本可以减轻人们害怕犯错的恐惧感,当然,大多数样本必须控制在可接受的范围内(或刚好在临界点),这样才能找出喜好度最高的组合。

最出乎企业意料的恐怕是产品开发也可以充满乐趣。没有什么比通过实验获得法则进而一举成功更令人兴奋了。自然是如此有规律性,严谨的科学实验归纳出来的法则可以用来设计成功的新产品,这是 RDE 的魔法之一。这样的过程会让所有参与实验的人久久难以忘怀,并且成为他们津津乐道的事迹以及许多企业市场争夺战的故事题材。

博客空间的呓语:意大利面酱跟 iPod 有何相同点?

尤金·沃灵福德(Eugene Wallingford)的模样一看就是一位典型的教授,连他贴在网站上站在麦香麦片大盒子前的相片也是如此(当作者亚历克斯·戈夫曼打电话到沃灵福德办公室时,他以温和而有力的口吻对戈夫曼说："跑完芝加哥马拉松后，他们要我在那个巨型的麦片盒子前照相。"）沃灵福德是北艾奥瓦大学资讯科学系的系主任和副教授，也热衷于马拉松运动。为了不让人误以为他是体育系的教练，沃灵福德在网站上的那张相片旁摆放了一张罗丹"思想者"雕像的照片。他积极倡导极限编程（极限编程即 XP，是一种极其有效且灵活的实验编程类型。与其他大多数依靠高度计划且繁琐的软件编程相比，这种编程既节省费用，又有利于提高速度。当然，除非你在班加罗尔进行编程*）。

沃灵福德曾在博客上发表过一篇引人注目的文章，标题是"iPod 跟意大利面酱有何共同点？"[14]他结合保罗·格拉汉姆（Paul Graham）为其著作《黑客与画家》[15]的日文版所写的序言《美国制造》[16]，分析了前面我们提到的格拉德威尔的文章《番茄酱的难题》。格拉汉姆的著作讲述了为什么美国人有些东西做得很出色，而有些却做得很蹩脚。

在文中，沃灵福德惊讶地发现，虽然表述形式有所不同，"但两篇文章同时看到了一样的伟大概念：设计如果做得好，可以满足使用者本身所不知道的需求。"

创造出伟大设计的典范当首推出自史蒂夫·乔布斯手笔的 iPod。格拉汉姆在文中提到他买了 iPod 之后的心情（语言经过了作者加工）：

> "我买了一个 iPod，它不只是好，而是出乎意料的好。要令我惊喜，它必须具备我原先没有特别期待的特质。焦点小组座谈会不可能发现这些特质，只有伟大的设计家能够做到。"

另一种方法恰恰与乔布斯的思路背道而驰。乔布斯依靠的是一位把握世界潮流的设计天才，由他在世人还懵懂未知的情况下灵机一动，推出领先一步的发明。在沃灵福德看来，拍宝的产品优化方法更多地承袭了"艺术与恐惧"[17]的传统哲学：以大量的实证开展生产及实验。这种方法下的产物也许有很多在摆上货架之前就夭折了，但它讲求以量取胜，在众多生产与实验的基础上，创造出某种宝贵产品的可能性

---

* 印度的班加罗尔是世界著名的软件开发外包基地，这里聚集了印度大批的软件人才，因此开发费用低廉，且运营效率高。——译者注

会更高。

此外,沃灵福德还在拍宝的案例中发现了另一个使用 RDE 的潜在优势:在大量制造的过程中,设计师会克服创造的恐惧,特别是在创造与现有产品不同的新产品的时候。更可取的是,设计师可以在大量制造的经历中建立判断产品可行与否的直觉。

格拉汉姆试图探究为什么美国人设计软件之类的东西很在行,而设计汽车之类的其他东西却很蹩脚。在汽车设计的问题上,他的诊断结果如下:美国的汽车制造商不重视敏锐的设计直觉,而是依靠焦点小组座谈会来了解人们的需求。

那么美国人为什么善于设计其他产品,例如软件呢?格拉汉姆认为,美国人讲求速度,当你不十分在意正确与否而只求迅速完成任务时,有些产品反而做得更好。

"假如你慢慢地磨、细细地做,最后的结果可能是在一个原本错误的概念上精益求精。慢工出细活是一种不成熟的优化思想,而最好的办法是先把样本很快做出来,再看它能给你带来怎样的启发。"[18]

格拉汉姆:"多做实验,加快速度,从实验中学习。"

到本章为止,所有的个案都给我们提出了重要的启示,那就是**大多数的人直到尝试之后才知道他们是否喜欢**。创业家埃里森不久前从书中学到了这个道理,现在很高兴看到实际的科学证明。她还从本章中学到了哪些推广她心爱的新产品的方法?埃里森的资金有限,既无法开展大面积的定量研究,也无从为她刚起步的业务进行随机实验或焦点小组座谈。倘若她在概念上发生了错误,在经历了数月的艰辛并投入了一小笔财富(她现在还没有这笔钱)之后,迎接她的将是一个卖不动的"优化版"产品。那么,如此的结局算得上是败中求胜吗?

为增加成功的几率,埃里森应该根据新产品概念制造一系列互有差异的样本,同时尽量把样本的差异拉大。举例来说,在蓝蛋的颜色方面,埃里森可以从很淡的蓝色变化到鲜艳的蓝色或极深的蓝色(以简单的实验设计为蓝本),图样也可以有所变化。最后经过简单分析,她就会知道消费者最喜欢哪一种。有了 RDE，埃里森可能会发现，她可以用较少的投入就把产品卖出去，获利也许更加丰厚。

注释

［1］*New York Times*，30 September 2005.

［2］Sources：Kenneth F. Kiple and Kriemhild Coneé Ornelas，*The Cambridge World History of Food*（Cambridge：Cambridge University Press：2000）；Don Brothwell and Patricia Brothwell，*Food in Antiquity*（Baltimore：Johns Hopkins University Press，1998）；www. nyfoodmuseum. com；www. mtolivepickles. com；www. ilovepickles. org；www. foodtimeline. org.

［3］是植物的成熟子房。

［4］见 www. fsa. usda. gov。

［5］Maguelonne Toussaint-Samat，*History of Food*（New York：Barnes & Noble Books，2003）；and James Trager，*The Food Chronology*：*A Food's Lover's Compendium of Events and Anecdoted from Prehistory to the Present*（New York：Henry Holt and Company，Inc. ，1995）.

［6］Malcolm Gladwell，"The Ketchup Conundrum," *The New Yorker*（6 September 2004）：128 - 135.

［7］同［6］。

［8］每位被测试者每次试吃一种意大利面酱（每位被测试者总共试吃 45 种里的 9 种）。

［9］Mintel Reports，"USA，Food and Foodservice：Pasta Sauces," April 2005.

［10］Nicole Potenza Denis， "Pasta Sauce Goes American," *Specialty Food Magazine* Nov/Dec 2004：44 - 48；www. specialtyfood. com.

［11］Malcom Gladwell．"What every business can learn from spaghetti sauce." TED 2004 Conference，February，2004，Monterey，CA，www. ted. com．

［12］From Malcolm Gladwell's "The Ketchup Conundrum," referenced earlier.

［13］Tom Kelley，*The Art of Innovation*：*Lessons in Creativity from IDEO*，*America's Leading Design Firm*（NY：Currency，2001）.

［14］Wallingford，Eugene． "What Does the iPod have in Common with Prego Spaghetti Sauce?" Blog：November 22，2004（http：//www. cs. uni. edu/～wallingf/blog/archives/monthly/2004 - 11. html♯e2004 - 11 - 22T09 _ 45 _ 54. htm）.

　[15] Paul Graham，"Made in USA，" November 2004，www. paulgraham. com/usa. html.

　[16] Paul Graham，*Hackers and Painters*：*Big Ideas from the Computer Age* （Sebastopol，CA：O'Reilly Media，2004）.

　[17] David Bayles and Ted Orland，*Art & Fear* （Eugene，OR：Image Continuum Press，2001）.

　[18] Paul Graham，"Made in USA，" referenced earlier.

第4章 如何让人们乐此不疲地
付更多的钱

俄罗斯阿尔法银行（Alfa-Bank）新闻稿（莫斯科，2006 年 9 月
19 日）：

> 阿尔法银行与俄罗斯航空公司（Aeroflot）的合作计划赢得
> 了"万事达卡 2006 年欧洲联袂品牌伙伴年度奖"——俄罗斯，莫
> 斯科。欧洲的万事达卡宣布了"2006 年欧洲联袂品牌伙伴年度
> 奖"的得主。阿尔法银行与俄罗斯航空公司发行的万事达卡荣获
> "2005—2006 年度最佳新卡发行奖"。[1]

银行在发行新信用卡时，管理高层通常不会宣布他们要让项目进
入名人堂的目标，也不会通过新闻稿将所有细节公之于众。银行的目
标是发行成功的信用卡，以及新信用卡能发行多少。

随着亚洲及其他发展中国家新兴中产阶级的激增，信用卡的市场
规模巨大而且与日俱增。美国人每月欠发卡行的卡债高达 8 000 亿美
元[2]以上，高于澳大利亚的国内生产总值。[3]美国人并不是特例，英国
人欠发卡行的卡债也有 970 亿美元之巨（接近新西兰的国内生产总
值），澳大利亚人欠发卡行的卡债为 190 亿美元（相当于巴拿马的国内
生产总值）。若以 2004 年的人口总数来算，不分男女老幼，美国的人均

卡债为 2 311 美元，英国人为 1 616 美元，澳大利亚人则为 950 美元。[4]

为了争夺客户，发卡银行间的竞争愈演愈烈。如何才能成功地发行新卡？如何吸引消费者申请并使用信用卡？现如今，信用卡已成为一宗日常化的商品，而且各家银行前仆后继地推出不同的信用卡与广告。什么样的奖品回馈才能吸引消费者？尽管如此，多数的努力还是以失败而告终。

让我们来换一个角度思考一下。假如你卖的是珠宝而不是信用卡，你该如何使你的邮寄广告打动消费者的心灵？在本章中，我们将结合 RDE 的应用探讨两个沟通的问题，包括方法、心得、内容和一些令人兴奋的结果。RDE 促使万事达卡与凯伊珠宝（Kay Jewelers）这两家公司进行了前所未有的研究工作，在短短几个星期后便取得了显著的成果。

在读完第 2 章"麦斯威尔的咖啡微积分"及第 3 章"连线美味：弗拉西克与拍宝牌面酱的故事"，看到 RDE 在美食世界的应用之后，我们知道 RDE 并不是什么魔法。相反，它是能够确保产品开发成功的一套规范性的方法，特别是在连顾客本身都不知道自己需要、想要、喜欢哪种产品的时候。RDE 根据实验设计模型创造多种样本（实际产品或概念），大范围地让消费者（被测试者）测试样本，然后根据他们的反应找出特定的消费群体（细分市场），最后生成开发成功商品的规则。这个步骤可以广泛用来对许多不同种类的产品信息（宣传口径）进行优化，几乎适用于所有以服务客户为核心的产业部门。

香港的信用卡：
汇丰银行如何找出正确的口径

信用卡行业不是凭空诞生的，它通常是专门的信用卡公司（例如万事达公司）与各类银行合作的结果。

万事达公司在 2006 年公开上市，享有盛誉的产品是万事达信用卡。几年前，在一个寒冷的 11 月的晚间，由罗伯特·韦斯利（Robert

Wesley）带领、玛瓦·海夫勒（Mava Heffler）担任副手的品牌合作团队聚集在万事达公司的地下室里。韦斯利与海夫勒两人都是营销界的老手，他们受命为万事达与香港汇丰银行创造一种联名卡。

当时世界杯足球赛即将拉开帷幕，摆在万事达面前的任务是结合世界杯足球赛发行一张联名卡或认同卡。万事达一直都在寻找发行主题卡的机会，世界杯足球赛认同卡只是该年度预定发行的信用卡之一。我们对这个在香港发生的故事特别感兴趣，因为万事达利用 RDE 获得了极大的优势，申请新卡的消费者比预期多出了好几倍。

结合概念形成与 RDE，为汇丰银行创造成功的信用卡

只有两个星期的时间，负责这个项目的万事达团队必须立即行动起来。假如依照惯例，他们不仅要到香港举办焦点小组座谈会，还要在星期一和星期二与数名消费者交谈，星期五之前就要完成新卡的策划方案。这是一贯遵循的标准程序，尽管没有产生过什么突破性的成果。

不太出乎意料地，万事达采用了 RDE 来创造汇丰银行的世界杯认同卡。在这个案例中我们感兴趣的是如何做，因为当时 RDE 已被成功地应用于许多其他项目的设计中。高度的竞争和紧迫的时间表要求快速、扎实和讲求实效的思维方式与沟通技巧，让我们逐步考察银行是如何在这种情况下使用 RDE 的。

💡 步骤一：概念形成阶段：找出问题，提出概念，编辑概念，将修正过的概念归入不同类型[5]

RDE 有助于启迪思维。它首先让万事达与汇丰银行指出它们可以提供什么和如何描述，然后让它们把这些概念归入不同的类型或者

"分类夹"里。表 4—1 显示了信用卡概念类型的基本排列方式以及受
欢迎与不受欢迎的因素。RDE 能生成许多丰富的资料，读者可以从中
看出，测试的概念范围十分广泛，包括策略与执行、基本概念、表达
概念的方式等。

表 4—1　汇丰银行信用卡的效用表

代码	信息/图样	效用（影响）
	加常数（基本兴趣百分比）	14
图样		
VS7	银行标识、白色世界杯标识、白色足球	**6**
VS12	球王贝利的相片	4
代言人		
SP2	球王贝利代言	4
SP3	香港足球先生欧伟伦代言	−3
持卡优惠		
ON5	持卡人可积累点数，换取免费电话卡	**8**
ON10	持卡人订阅运动杂志可享受折扣	−1
情感诉求		
EM4	每次持卡消费，代表对世界杯的支持，也为自己赢得免费礼物	**6**
EM5	每次持卡消费，代表对世界杯的支持，同时向本地少年体育活动捐款赞助	3
一般优惠		
GE9	积分活动：积分可抵用年费、换取旅游折扣、换取飞行里程、折换成现金或商品	**13**
GE5	购买商品后 30 天内可选择加购最高额度为 3 万元港币的失窃保险及损坏保险	**11**
GE6	享受赫兹租车公司的特殊折扣	−2
名称		
MA8	推出"球迷专属卡"	3
MA2	推出"98 年世界杯纪念信用卡"	3
申请优惠		
AP4	申请即可获得世界杯纪念表	**13**
AP7	申请即可获得价值 20 港币的餐厅折价券	**−6**

续前表

代码	信息/图样	效用（影响）
申请通过		
AQ17	可参加抽奖活动：25 位得主将获得到法国观赏世界杯首轮比赛的免费 2 人行	13
AQ18	可参加抽奖活动：5 位得主将获得到法国观赏世界杯开幕的免费 2 人行	12

注：包括评价高的要素（效用高，以黑体表示）、评价低的要素（效用低，以斜体表示）和评价中性的要素（以正常字体表示）。效用代表若使用该要素，被测试者对信用卡从"没兴趣"变为"有兴趣"的百分比。加常数是在没有任何宣传的情况下顾客对于信用卡感兴趣的基本百分比。

不要忘了，启用 RDE 研究，万事达测试的要素越多，就越有可能创造出消费者想要的信用卡，只测试少数几种信用卡概念就推出新卡是没有意义的。如果宣传信息没有说服力、图片不当或概念不吸引人，消费者都不会有兴趣。因此，第一步必须做好功课，虽然这不是很有乐趣的工作，但却是必要而且关键的一步。

万事达很重要的一项任务是设计信用卡的外观，这部分需要美工的协助，图 4—1 为美工提出的信用卡正面设计稿。和万事达合作的是一群专门设计信用卡的美术工作者，开发团队里没有人确切知道信用卡外观的重要程度，或者信用卡究竟应该具备什么样的外观。因此，他们测试了 15 种不同的外观设计，有的视觉上比较复杂，有的比较简单。你会看到，这些不同的设计也成了众多要素当中的一项。

图 4—1　RDE 信用卡案例的三个代表性设计

步骤二：将要素组合成简短的测试概念（混合搭配），指导消费者为不同组合评分

在本章和第 5 章"以合法的手段了解你的竞争对手"（介绍关于青

少年电子杂志的案例）中，读者将看到关于系统变化的更多细节，现在我们要看的是万事达为测量每个要素组合对消费者意愿的影响而使用的系统性方法。要知道，RDE 会系统地调整要素组合的变化。这个方法非常重要，因为它可以分析每项要素对消费者申请信用卡的意愿有多大帮助，而且能针对个别消费者加以分析。

这个 RDE 设计包括了类似邮寄宣传品的信用卡广告，每一个广告样本或测试概念可从 5 种类别里各选 1 项要素。在这个概念形成的阶段，开发团队总共分出 8 个类别，不过 RDE 设计只从中选择 3～5 个类别来搭配组合，每个类别只选出 1 项要素。[6]以统计为基础的 RDE 设计会确保消费者最后能够测试到所有要素。

作为 RDE 全球化的一个必然产物，所有的测试材料必须以适当的语言呈现出来，以确保测试参加者能充分理解。信用卡项目也不例外，万事达将所有的概念要素翻译成中文，然后请另一组译者将中文再翻成英文。这种做法对所有的 RDE 专家都非常有用，因为这样可以测试概念要素是否真正清楚、经得起翻译的考验。假如再翻译成英文后内容不知所云，则表示概念要素表达得不够清楚。

在图 4—2 中你可以看到世界杯足球赛的一种认同卡的英文样本，另一种样本的中文版见图 4—3。这些样本是用电脑在 RDE 测试的过程中在香港当场制作出来的。

图4—2　以世界杯足球赛为主题的英文信用卡样本

注：该样本是使用电脑软件根据 RDE 的设计原则以不同概念要素混合搭配而成的。

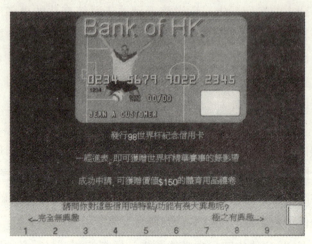

图 4—3　以世界杯足球赛为主题的另一个信用卡样本
（测试语言为中文）

科技知识：为"科技读者"准备的附加内容 ⋯⋯⋯⋯⋯⋯⋯

注：步骤二中的其余信息是专门为那些希望进一步了解 RDE 程序的读者提供的参考。由于 RDE 的过程都由网络工具自动处理，即使不了解以下的知识也可以妥善利用；如果你决定花几分钟读下去，你会发现程序其实没有想象中那么复杂，从一定程度上说，甚至十分简洁。

为了说明这种方法，我们来剖析一个简单的包含 36 项要素的标准实验项目。一个实验设计包括 6 种类型，每种类型又包括 6 个要素[7]，由此形成一个固定的结构。每当一项设计被选中时（取决于要素的多少，同一个设计消费者可能要测试一次以上），RDE 会选择一组[8]不同的类型，并在每种类型中选择不同的要素。基本结构是不变的，消费者测试的只是基本结构的不同版本。[9]这 36 个要素可以为每个被测试者做出 48 种唯一的[10]组合，表 4—2 为一个消费者基本测试结构的一部分。举例来说，B5 代表类型 B 的要素 5，空格代表该概念只有 3 个要素。本表只节录这个设计结构的前 10 行，目的是让读者知道实验设计是什么样子的。

表 4—2　实验设计结构的例子

概念编号	要素			
1	A5	B5	D3	F6
2	A2	B5	D4	F4
3	B2	C3	E4	
4	A4	B1	E1	
5	A1	C5	D6	F3
6	A5	B1	D2	F3
7	A3	B4	C1	F6
8	A3	B3	C4	F2
9	B2	D3	E4	
10	A3	C2	D2	E1

注：此设计有6种类型（A~F），每种类型有6个要素（1~6）。

步骤三：在香港进行实验并收集消费者资料

一旦选定了设计并将测试安排就绪，整个流程的其他部分就能完全自动地进行下去，迅速而高效，这是 RDE 的一个突出优势。我们的信用卡研究在香港进行得非常迅速，只花了 3 天时间，而且没有费太大的气力，因为在电脑的协助下，测试过程变得非常简单。

步骤四至步骤七：我们学到了什么？取得了哪些成果？

成果就是信用卡赶在世界杯足球赛开幕前及时推向了市场，第一个月就完成了第一年全年的预期销售目标，而且发卡量达到了销售计划的两倍以上。当时有 6 家银行分别推出以世界杯足球赛为主题的信用卡，但只有汇丰银行的信用卡生存了下来，这要归功于快速、简单且成本低廉的 RDE。

让我们看看从这个 RDE 中学到了什么，以及哪些因素促成了这个项目的成功。我们将总结几个主要的发现以及生成的规则，最后给出明确的建议（RDE 的真正优点）：

1. 测试数据的收集工作很快就从当地信用卡使用者那里完成了。被测试者当中只有一部分是汇丰银行的顾客。这个发现意味着即将推出的新卡很可能将其他银行的顾客吸引过来，增加汇丰银行的满意客户的基数。

2. 表4—1 中的加常数为 14，相当低，也就意味着对这些潜在的信用卡顾客而言，信用卡的概念并不重要。每 7 名顾客当中只有 1 人（相当于 14%）认为，在没有信息宣传的情形下，他们仍会给信用卡打 7~9 分（这表示他们对所列出的信用卡特色及其优惠非常有兴趣）。因此，选择有效的信息宣传非常重要，否则信用卡将无人申请。在美国也是一样。信用卡已经成为日常商品，银行邮寄的宣传资料或传单通常会被消费者习惯性地不假思索地立刻丢掉。

3. 通过细分市场，发现两种信用卡顾客思维模式——当然也就生成了两类信息宣传内容——购物型和生活态度型。汇丰银行可以利用正确的概念组合来吸引消费者"上钩"；其中三个概念组合对上述两种区域都颇具吸引力，对整体市场而言也不错（效用值为 13）。RDE 将这些概念列为"非用不可"：

积分活动：积分可抵用年费或换取旅游折扣、换取飞行里程、折换成现金或商品 13

申请即可获得世界杯纪念手表 13

可参加抽奖活动：25 位得主将获得到法国观赏世界杯首轮比赛的免费 2 人行 13

4. 香港的测试参加者的心态似乎可以分为两种。上述第一个要素是红利积点，迎合消费者喜欢免费商品的心理，第二个与第三个要素（纪念表和法国之旅）则将"免费商品"与参与世界杯的愿望结合起来。如前所述，万事达按照效用值模式将消费者分类之后，出现了很明显的两大细分市场：大约一半的消费者属于购物型，另一半属于生活态度型。当然，购物型的消费者可能也喜欢生活态度型的某些概念，反之亦然，由于这两大细分市场并非互不相容，汇丰银行必须以混合的信息宣传内容来吸引两者（见表4—3）。

表 4—3　在香港脱颖而出的概念和发现的两种主要的思维模式

	总效用值	购物细分市场效用值	生活态度细分市场效用值
常数/"基本兴趣"	14	16	9
购物细分市场最受欢迎的概念			
申请通过即可获得价值 300 港币的名牌家电	11	16	7

续前表

	总效用值	购物细分市场效用值	生活态度细分市场效用值
积分活动：积分可抵用年费、换取旅游折扣、换取飞行里程、折换成现金或商品	13	16	11
申请即可获得世界杯纪念手表	13	15	11
生活态度细分市场最受欢迎的概念			
可参加抽奖活动：25 位得主将获得到法国观赏世界杯首轮比赛的免费 2 人行	13	9	19
可参加抽奖活动：5 位得主将获得到法国观赏世界杯开幕式的免费 2 人行	12	9	17
申请通过即可获得价值 300 港币的运动用品店礼券	12	8	16

5. 细分市场的方式不仅在信用卡刚推出时发挥了强大的推进效用，在之后的顾客沟通上也发挥了强有力的作用。成果令人满意，信息宣传内容不只迎合了一个细分市场，而是正合两类不同消费者的心意。事后证明，这张信用卡带来了丰厚的利润，而消费者的积极性也真正被调动起来了，他们认为这张信用卡不是另一份麻烦。

6. 图 4—4 为万事达根据研究结果优化后的信用卡广告设计图样及文字信息。不过，以汇丰银行的案例来讲，视觉设计所扮演的角色

> - 持有本卡，您可以通过积分得到免费的电话卡。
> - 在信用卡经过验证后，您可以得到一份当地体育用品商店赠送的价值300港币的礼券。
> - 参加抽奖——25位得主将获得到法国观赏世界杯首轮比赛的免费二人行。
> - 只要您申请本信用卡，您就能得到一块世界杯纪念手表。

图 4—4 优化之后的信用卡宣传文案
（包括文字信息及信用卡的设计图样）

并不是很重要，文字信息，更确切地说是合适的文字信息，才是关键。针对细分市场的个别需求设计文字信息是值得的，不要只看整体数据。

母亲节的礼物：
凯伊珠宝如何在一个典型的母亲节将每笔交易额提高近 500 美元

如果说信用卡将人们讲求经济的那一面吸引了出来，那么珠宝吸引的就是情感面了。珠宝传达的是感情、成就，有时则是权力。为了夺取珠宝，人们曾做出烧杀掳掠的恶行，不过，美丽的珠宝也可以表达一个人最温柔的情感。

设计顾问公司 IDEO 的总经理汤姆·凯利（Tom Kelley）被称为为美国企业打开创意百宝箱的人，他认为"当今的产品越来越多地讲求体验，服务重在培养关系"。[11] 我们如何才能打开这个顾客的百宝箱？什么样的信息能够打动消费者并创造持久的良好关系？

有了这个简短的介绍之后，让我们来看第二个关于制定宣传信息的案例，这也是一个结合理性与感性的案例。萧氏（Shaw's）是史德麟珠宝商（Sterling Jewelers）旗下的一家珠宝公司，隶属世界最大的高级珠宝零售商英国西格尼集团（Signet Group）。史德麟在美国总共有 12 个品牌，包括凯伊（Kay）、罗宾森（JB Robinson）、贝尔登（Belden）、弗兰德兰德（Friedlander's）、古德曼（Goodman）、勒罗伊（LeRoy）、马克摩根（Marks & Morgan）、欧斯特曼（Osterman）、罗杰斯（Roger's）、萧氏（Shaw's）、威斯菲尔德（Weisfield）及贾瑞德（Jared）。此外，史德麟在美国的零售店面有近 1 100 家。西格尼集团在英国则有 600 多家零售店，包括赛缪尔（H. Samuel）、欧内斯特·琼斯（Ernest Jones）及莱斯利·戴维斯（Leslie Davis）。

20 世纪 90 年代末期，世界经济形势一派大好，珠宝业的销售量连续数年呈现了两位数的增长。但这段时期过后，增长开始迟缓[12]，竞争变得更激烈，获利也大不如前。

萧氏 RDE 珠宝项目的首要目的是设计一套产品信息，让顾客愿意购买比较高级的珠宝作为母亲节礼物，次要目的则是提高单笔消费的金额。这个故事还有一层环保的意义在里面。在美国，几乎每个 18 岁以上的人每天都会被不同的广告轰炸。据估计，每年寄到消费者手上的产品目录多达 170 亿份，相当于在美国每年每个人（不分男女老幼）收到 59 份或每户人家收到 190 份。仅著名的内衣品牌维多利亚的秘密（Victoria's Secrets），每天就印发超过 100 万份的目录。[13] 直销产业每年消耗 360 万吨的纸张，相当于所有印刷和书写用纸的 13％。如同信用卡的宣传一样，单张递送通常都没有回音，企业印制宣传品的支出相当于石沉大海。企业如何将产品目录或促销活动做得更成功？有没有"芝麻开门"一样的秘诀能够打开消费者的心门？针对不同类型的消费者是否该使用不同的产品信息？

当 RDE 遇上珠宝目录

现在，读者应该对 RDE 的步骤很熟悉了：先创造不同的基本类型或产品目录，然后针对每种类型设计简单的广告信息。这个 RDE 案例的类型包括客户观感、情感诉求、品牌认同、陈设描述、珠宝描述、顾客服务、产品种类、品质保证、产品价值及促销优惠，而所有类型之下的要素总共有 167 个，RDE 信息设计的艺术在于创建这些要素。表 4—4 是各类型下一些要素的文字范例，图 4—5 则是视觉范例。

 表 4—4　珠宝的类型与要素范例

情感诉求

为真正特别的庆祝而设计

下次要买珠宝，我还会来这里

别人注意到了我戴的珠宝，我感到很高兴

续前表

品牌认同
全美最有信誉的珠宝商
获得认证的珠宝总店
珠宝描述
唯一的选择只有钻石，其他都无法替代
造型典雅而不失时代感的珠宝
造型典雅的珠宝

商店图样　　　　　　　　产品图样

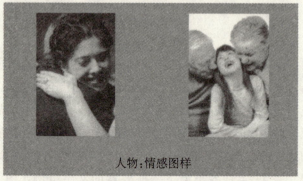

人物:情感图样

图4—5　代表性图样范例

注：下方的两张图片比较强调情感诉求，而非产品特色。产品照片着重传播整体感觉，而非突出个别特色。

在实施步骤上，以RDE创造珠宝产品信息实际上跟信用卡案例是一样的，不同的是主题以及参与测试的消费者，但方法仍然相同。先从一组名单中选出被测试者，请他们按照指示来到网站，在电脑屏幕上浏览不同的概念信息，例如图 4—6 中的例句。评分标准简单明了，整个过程也相当有趣。测试的目的不在于向消费者推销某一件珠宝，而是要发现哪些广告信息可以将他们吸引到珠宝店里来。

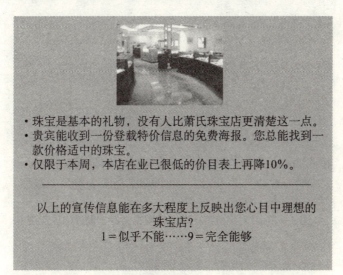

• 珠宝是基本的礼物，没有人比萧氏珠宝店更清楚这一点。
• 贵宾能收到一份登载特价信息的免费海报。您总能找到一款价格适中的珠宝。
• 仅限于本周，本店在业已很低的价目表上再降10%。

以上的宣传信息能在多大程度上反映出您心目中理想的珠宝店?
1＝似乎不能……9＝完全能够

图 4—6 珠宝店概念的例子（图片仅供参考）

注：这个概念显示了包含信息的设计比聚焦于产品宣传更能吸引顾客光临珠宝店。

这个 RDE 珠宝案例的真正目的在于创造广告信息并卖掉更多珠宝。跟信用卡一样，珠宝市场里至少也有两类完全不同的消费心态。为了方便讨论，姑且称之为乐观主义者（细分市场一）以及悲观主义者（细分市场二）。在营销学上，对细分市场进行命名有助于我们在脑海中留下深刻的印象。

RDE 的贡献并不止于发现这两种消费心态。其他方法或许也可找出类似的细分市场。萧氏真正想要知道的是，究竟什么广告信息可以促使消费者购买。也就是说，只要我们了解了细分市场，就不难知道该说些什么、怎么说以及对谁说。

从图 4—7（适用于乐观主义者的最佳概念）与图 4—8（适用于悲观主义者的最佳概念）当中，我们可以看出这两个细分市场的巨大差距。

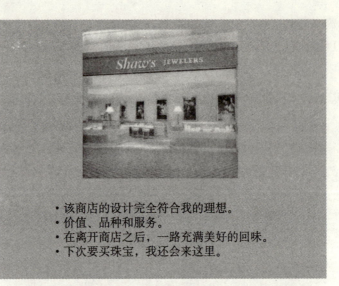

- 该商店的设计完全符合我的理想。
- 价值、品种和服务。
- 在离开商店之后，一路充满美好的回味。
- 下次要买珠宝，我还会来这里。

图4—7 针对细分市场一（乐观主义者）设计的珠宝店

- 接受或赠送珠宝时，我都希望收到惊喜的效果。
- 获得认证的珠宝总店。
- 我喜欢去能够让我按照自己的节奏随意挑选的珠宝店。
- 造型典雅的珠宝。

图4—8 针对细分市场二（悲观主义者）设计的珠宝店

底线是什么？信息是否正确重要吗？

凯伊珠宝店以严谨的方法来检验RDE的结果。为了证明实验的成果，该公司沿用了许多直销公司使用的方法。就许多方面来说，这个方法跟本书引言中所讲述的巴西联合利华的经验非常相似。第一步是收集 169 位被测试者详尽的个人资料，包括家庭人数、年龄、性别、大致收入等。这些并不是非常隐私的资料，大多数直销商都有诸如此类的信息，属于公开化的信息（即使消费者可能不希望如此）。

第二步是建立决策原则（或方法）以判断被测试者属于哪个细分市场。建立这些原则很重要，如此一来就可以很容易地按照原则将新加入的被测试者归类。换句话说，若有任何新被测试者加入，决策原则可以根据被测试者的公开信息将他们归入两个细分市场中的一类。当然，这种分类方法不尽完美，但往往比随意猜测要好一些。

第三步是设计两种邮寄宣传品，一种是针对乐观主义者的，另一种是针对悲观主义者的。

第四步是针对四组消费者寄发宣传品，两组为乐观主义者，两组为悲观主义者。

- 1 万名乐观主义者收到专为乐观主义者设计的宣传信息。
- 1 万名乐观主义者收到专为悲观主义者设计的宣传信息。
- 1 万名悲观主义者收到专为乐观主义者设计的宣传信息。
- 1 万名悲观主义者收到专为悲观主义者设计的宣传信息。

这个系统化的检验方法得到的结果证明了 RDE 的成效。就历史数据来看，通常邮寄宣传品的回应率为 1%（收到宣传品的每 100 人中，只有 1 人属于实际的消费者），平均消费金额为 1 339 美元。若将适当的宣传信息（设计）寄给正确的细分市场，就能大幅提高回应率（乐观主义者细分市场增加 42%，悲观主义者细分市场增加 27%），消费金额也能提高数百美元。由图 4—9 可以明显看出这一 RDE 项目的成果。

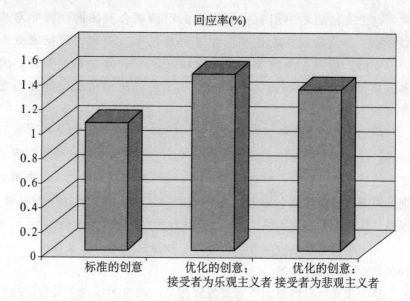

回应率(%)

标准的创意　　　优化的创意：　　　优化的创意：
　　　　接受者为乐观主义者　接受者为悲观主义者

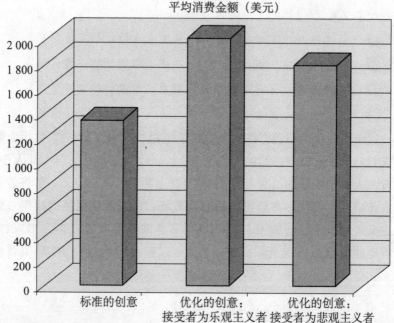

平均消费金额（美元）

标准的创意　　　优化的创意：　　　优化的创意：
　　　　接受者为乐观主义者　接受者为悲观主义者

图 4—9　使用 RDE 与细分市场创造的珠宝直邮宣传品实验结果

注：上图显示收到直邮宣传品后实际光顾珠宝店的顾客比率，下图显示顾客的平均消费金额。

小结：
RDE 如何创造产品信息

RDE 应用在产品信息上，可以告诉我们该说什么、怎么说以及对谁说。在传播业，尤其是讲求创意的领域，例如广告业，常听到人们说不可能将广告信息系统化或者广告信息是一门艺术，而 RDE 证明这种说法并不正确。创造某些广告辞令也许是一门艺术，但这并不说明不能运用科学的方法找出吸引消费者兴趣以及提高回应率的要素。相信现在读者已经了解了：做该做的功课，创造并测试多种广告信息，不要害怕使用看似疯狂的主意。让消费者按照实验设计测试所有的广告信息，最后的结果可能让你喜出望外。信用卡的例子告诉我们，RDE 在理性的经济领域能产生很好的表现；珠宝的例子则告诉我们，RDE 在充满情感的感性世界里也同样能够取得成功。

在第 2 章，创业家埃里森学会了如何使用 RDE 创造多种食品样本以及开发成功的新产品。现在，她该如何将产品信息传达给消费者？很显然，埃里森不可能凭她一个人的激情去接触到很多顾客。因此，她考虑使用某种媒介将产品信息传达给消费者，例如可以模仿珠宝的案例，使用产品目录营销；也可以模仿信用卡的案例，依靠邮寄明信片或寄电子邮件（比较便宜，也可大量寄发）。更有创意的（也许日后比较适合）是发行联名信用卡，例如光顾餐厅或商店可享受优惠。埃里森应该认真地做好功课，这样才能取得良好的销售成绩。她应该创造多种产品信息样本，越多越好，然后通过 RDE 让许多不同的消费者来测试，继而分析消费者的不同心态，并针对市场区域创造出妥帖的最佳广告信息。基本上，这与产品开发阶段的做法非常类似，只不过是应用在广告信息上或提供内容上罢了。就是这么简单！

下一章，读者可从青少年电子杂志的例子中看到 RDE 在网络世界的应用。我们将解析竞争对手的网站，看看哪些方面成功、哪些方面失败。（是的，我们将要着手通过完全合法的方式做商业间谍！有时通过这种方式，你可以比你的竞争对手更了解他们自己。）而创业家埃里森又有哪些机会呢？

注释

[1] Alfa-Bank News Release, "Alfa-Bank and Aeroflot Programme Win the MasterCard 2006 European Co-Brand Partners of the Year Award," Moscow, Russia, 19 September 2006.

[2] 来源：www. cardwed. com。

[3] 来源：www. cia. gov。

[4] 来源：www. cardweb. com。

[5] 类似概念（要素或信息）的组，如利率或标识。这些组也被称为仓（bins）或类别。

[6] 为了让测试参加者的工作轻松一些，RDE 为一个概念的类别数设定了上限。在这个案例中是 5 个，在其他情况下可能是不同的数字（3、4 或 6，取决于具体的 RDE 设计）。

[7] 很多不同的设计已经做好备用了。

[8] 以及/或者以不同的顺序。

[9] C. Marketo, A. Gofman, H. R. Moskowitz, "A New Way to Estimate Interactions in Conjoint Analysis," Proceedings of 7th Sensomentrics Conference, Davis, CA, 2004.

[10] 取决于统计上限。也可让一个特殊的要素组合在所有的测试参加者中都不重复。

[11] Tom Kelley, *The Art of Innovation: Lessons in Creativity from IDEO, America's Leading Design Firm* (Currency: NY, 2001).

[12] "Jewelry Sales Stay Even for 2002," *Professional Jeweler* (October 13, 2003); www. professionaljeweler. com/archives/news/2003/101303story. html.

[13] Daniel Farey-Jones, "U. S. Environmentalists Target Victoria's Secret over Catalogue Waste," *Brand Republic* (April 18, 2005); http: //www. brandrepublic. com/login/index. cfm? fuseaction＝Login&resource＝BR _ News&articleType＝news&article＝471049.

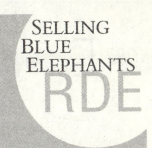

SELLING
BLUE
ELEPHANTS
RDE

第5章　以合法的手段了解你的竞争对手

　　本章不是要讲述什么"离奇惊险的故事或不可能完成的任务（碟中谍）"一类的商业间谍行动，尽管其结果可能会比从事商业间谍活动更令公司的专业人员激动。我们将场景转到专门发行青少年电子杂志（以青少年为主要对象的网络通讯）的网络出版公司，这里的刊物编辑与销售部门通常忙得焦头烂额。跟第1章提到的科学家很不一样，在这里看不到试管。实际情形是，一提到统计模型，连部门里最有创造力的员工都不寒而栗。在这里，时间紧到若截稿时间是"昨天"已经值得庆幸了。不管痛苦与否，以科技为导向还是以艺术为导向，了解哪些内容与产品信息可行哪些不可行都很重要。这一次，我们必须在"网络时间"内完成专案，换句话说，几乎是一眨眼的工夫。

　　进入应用 RDE 的新主题之前，我们先解释一下专有名词。"电子杂志"（ezine）指的是以电子方式传送的刊物。在网络盛行的今天，人们对电子杂志的概念或许并不陌生，但要追溯电子杂志这个词的源头却不那么简单。在笔者撰写本书时，《大不列颠百科全书》还没有收录这个词汇呢。那么电子杂志这个词到底从何而来？最普遍的说法是电子（electronic）和杂志（magazine）两个词的并联简写，把它们合起来就是"电子杂志"。虽然几乎所有人都普遍接受这种说法，但这很可能不是正确答案。

真正的来源比较有趣。首先，虽然中文译为"电子杂志"，但其实它是电子通讯（electronic newsletter），而非杂志。英文"杂志"的字母 Z 在"通讯"（newsletter）这个词里根本找不到。以下是完全不同的一种说法。[1] 同人志（fanzine）是专门在小圈子里发行的限量刊物（可能少至 5 份，多至 1 000 份），读者主要是一群有着共同兴趣（例如科幻、神话或足球等）的人。同人志通常是由热心的支持者经营，在爱好者中拥有极崇高的地位，读者甚至热情投稿，并且用该圈子惯用的"行话"与风格来发表。这些感悟虽然叫同人志，但也常被称为"志"（zine）。若在这个字前面加一个 e，就成了 ezine，这个说法对电子杂志的来源提供了比较合乎逻辑的解释。

电子杂志数量增加的速度非常快。根据电子杂志与通讯专家迈克尔·格林（Michael Green）的统计，到 2005 年为止，网络上流通的电子杂志多达 50 万种。

虽然电子杂志最初只是以非正式出版物的形式（爱好者关于他们喜爱话题的创作集）发行，但现在大多数的电子杂志是以赢利为目的的。该领域著名的学者玛尼·西瓦萨布拉玛尼安（Mani Sivasubrama-nian）指出："电子杂志是公认的最有效的网络营销工具，投资回报率最高。简单来说，用电子杂志做营销最具经济效益。"[2]

电子杂志与竞争情报分析：
青少年喜欢什么

我们接下来要讲的是许多企业用以了解竞争对手产品的一套方法，只不过这次是用在青少年电子杂志上。顺带提一句，汽车制造商也使用同样的系统性方法来了解竞争对手的汽车广告，电脑公司用它来了解最新笔记本电脑的竞争，食品公司则是用它来了解竞争对手使用的产品信息中哪些可以改变消费者顽强的意志，说服他们购买健康食品，哪些信息又让消费者不屑一顾。

这种"解构"策略其实很简单，也很直截了当。所谓解构，指的是研究他人的做法，了解哪些做法有用、哪些没用。在网络上使用谷歌引擎搜索，即可找到成百上千种不同的电子杂志以及相关的链接。竞争对手发行的公开资讯不难搜索，甚至还可找到数百种电子杂志的内容画面，每个都拥有独特的视觉风格、文章与资讯。网络出版公司想知道的是："究竟哪种概念成功？有多成功？"别忘了，各家电子杂志出版社的产品都是它们倾注了心力的结晶，参考竞争者的做法等于参考它们认为可能成功的方法，这么做胜过胡乱猜测哪些方法可能会成功。

研究竞争对手的做法到底有什么特别的好处呢？毕竟，竞争对手怎么做是我们无法控制的。对不熟悉 RDE 的人而言，竞争对手的平面广告信息是死的，我们只能借助最普通的方式，比如成绩单一类的东西，来判断竞争对手做得好还是坏。这些人还不知道，缜密地解构竞争对手，并且有系统地测试竞争对手使用的概念，能够很容易判断竞争对手成功与否。对还不熟悉竞争情报分析的人来说，"向竞争对手学习"（不只是了解整体表现而已）是个陌生的概念。系统性的方式的确会令他们大开眼界。就像蜜蜂采集花粉一样，竞争情报分析是从已经花费了时间和金钱来研究青少年喜欢什么的人手中套取有用的概念。这么丰富的资讯来源，为什么不用呢？

RDE 不只是收集资讯。收集竞争对手的情报后，下一步就是去发现"为什么"和"效果如何"。RDE 先将这些竞争对手的网站化整为零，然后来逐一进行分析（称为概念的内容分析），最终判断哪部分概念是真正有效的。我们并不会真的去使用竞争对手的概念，却可通过焦点小组座谈会和创作会议创造自己的概念。

我们的真正目的不是创造新概念，而是了解竞争对手的表现，以及谁的做法有效、谁的无效。RDE 的发现往往令人惊讶，有时甚至是不小的惊喜。

剖析电子杂志

最大化 RDE 的最好方法就是把其想象成一个超大的 Excel 文档。文档的每一行包含对竞争对手电子杂志的一段有特色的陈述，将其合理转化成简短且承载单一信息的概念。虽然简化了，文字的语气还是不变的。

最后，将不同的信息或要素放在一起（这个案例共有 36 个要素，必要时可以更多）。这些解构竞争对手的资讯包括 30 个文字要素以及 6 个首页屏幕截图（作为视觉设计的参考），而这些要素代表多种不同的包括理性与感性层面上的杂志特色与卖点。由表 5—1 可以看出内容分析的丰富性与多样性，然而真正的"果实"来自 RDE 分析。

表 5—1　青少年电子杂志资讯的范例

代码	类型/要素	电子杂志来源
图样		
A5	Teenvoice. com 的首页屏幕截图	Teenvoice. com
趋势/风格/媒介		
B3	告诉我们你对最新电影、音乐、录像带的看法……	Teenlnk. com
特色		
C1	……本杂志将告诉你最酷、最热门的资讯……	YM. com
趣味/游戏		
D4	来看"说漏嘴"……糗事记	React. com
讨论/聊天		
E5	网络上最热门的青少年话题	InSite 电子杂志
教育/职业		
F3	计划成功的未来	Studentcenter. org

方法之一是让青少年读者为这些简短的文字及网站首页照片一一评分，评分或排名高低代表读者的喜好程度，以从中发现哪些概念最好、哪些最差。许多营销人员认为有评分或排名就足够了，因为他们只需要知道概念"好与坏"的差别。假如情况是这样，评分或排名即

可解决眼前的问题。但假如营销人员的目的在于创造新的电子杂志、找出细分市场或建立创造新杂志的原则，那么这种评分方式反而有误导的可能，因为问卷的设计者总是期望读者在回答问题时保持理性和一致。当你要求读者比较两个不一样的概念时，他们也许不会那么容易做出决定。以下是鼓励青少年吐露心迹的两种方法：

⬤ 尝试不同画面……向他们展示不同的电子版本。

⬤ 向他们提供进入大学的所有相关资讯。

他们很快就能选出以上哪种方法更有趣。接下来让我们试着把这些信息与内容元素进行比较，例如知名艺人或人物：

⬤ 蓝色少女合唱团（Indigo Girls）、仙妮丝（Shanice）以及更多歌手。

哪一个元素比较好？"尝试不同画面……向他们展示不同的电子版本"，还是"蓝色少女合唱团、仙妮丝以及更多歌手"？要任何一个青少年读者（甚至任何一个成人）来做出比较，他们一定觉得无所适从，因为这样的比较没有意义。虽然如此，吐露心迹也好，青春偶像也罢，不同的概念仍有不同的功用，也有其独特的影响力。只是，直接比较不同类型的概念并不容易。假如你要青少年读者比较这三个例子，可能大多数人会乖乖去做，却摸不着头绪，或者不告诉你他们判断的依据何在。

我们在其他很简单的情境下也会遭遇类似比较上的问题，例如在经过解构的一组概念中辨别价格、品牌和优势之间的相互影响。通常，消费者会认为价格越低越好，但有时候价格反映了品质，因此消费者反而偏好较高的价格。此外，消费者在比较产品特色时，有时很清楚自己偏好其中一项的理由，有时却莫名其妙。

然而，如果将价格、产品特色、品牌甚至图片等种种概念以随机排列的方式同列在一张表上让消费者评比，你很快会发现原本兴致勃勃的被测试者会为了该选择产品特色还是品牌而大伤脑筋。即使对于有经验的消费者和专业人员来说，也需要将注意力集中到类似的要素组合中才能够轻松地为不同的概念打分。

RDE 成功的关键在于能提供给被测试者有意义的刺激，探求他们的"直觉"反应（就像人们对实际商品广告的反应一样），而非经过逻辑思考之后的反应。消费者没有理由剖析自己的感觉、思索自己究竟喜欢产品或广告信息的哪一点，而且消费者很可能要么说不出理由，要么想到的理由并不正确。然而，消费者对产品或广告信息的整体直觉通常相当准确可靠，毕竟人们平常就一直是这样做的。人们会对整体组合而不是构成整体的成分有所反馈。

让我们从头到尾来跟进分析这个项目。前文已介绍了情报收集与解构概念的部分，接下来就要看看项目主管如何将原始的"零碎概念"（idealets，这是我们发明的说法），也就是从竞争对手获得的点滴资讯，通过测试、分析等发展下去。

注：读者无须担忧以下步骤中的一些数学运算，这个流程可以（且已经）轻易地通过便捷的网络工具[3]自动运行，你将在本章中看到这些应用。

💡 步骤一：收集资料并将其归类

A. 这个步骤是要收集有关竞争对手的大量资料，而且其数量往往比我们想象的多。伍迪·艾伦（Woody Allen）曾说过："只要做完这步就成功了80％。"只要一开始收集到正确的原始资料，用 RDE 方式解构竞争对手就成功了80％。

B. 决定各种类型的名称（例如价格、服务、推销等），并将所有要素分别归入适当的类型。将要素分成不同类型只是为了方便记录，被测试的消费者实际上完全不会察觉到这些类型的存在。

C. 编辑原始资料。为避免读者混淆，要区别每个类型当中的概念。消费者不是专门从事分析的机器人，除了信息内容之外，感觉也很重要。常见的错误是，解构之后的概念只剩下骨头和一点点肉，没有情感。要尽量避免这样的错误，否则除了原本就显而易见的东西之外将一无所获。

💡 步骤二：选择一个 RDE 设计（要素的混合配对）[4]

在许多教科书或软件附带的工具中可以找到不同的实验设计。就多数情况而言，除了类型与要素的数目之外，你不需要了解更多的统计细节。如果你坚持要一窥其中的统计奥妙，请参阅本章的"科技知识"部分。

步骤三：收集被测试者的评分结果

A. 邀请消费者参与测试（例如使用电子邮件）。要邀请到感兴趣的被测试者，最有效的办法是提供合理的奖励，并且将实验办得有趣。不一定要有现金酬劳，但在邀请函中提到有机会抽中奖品是个不错的办法。

B. 测试开始前，先以简单生动的方式介绍项目主题。有经验的实验人员都知道，不在乎或不清楚目的何在的被测试者往往会提供错误甚至误导性的答案。为测试揭开序幕有一个好方法，就是先感谢被测试者的参与，然后简单介绍项目。就 RDE 而言，被测试者只需要在看过概念之后给出整体评分即可。

C. 通过网络进行测试。RDE 软件按照实验设计将要素组成概念，接着呈现在被测试者面前，最后收集评分结果。以电子杂志案例来说，每个被测试者需要评价 48 种组合（组合范例见图 5—1）。

D. 在测试后进一步了解被测试者的背景资料。RDE 概念测试完毕后，参与的消费者接着填写相关个人资料，回答对电子杂志看法问题。如果能将概念评分与个人资料串联起来，可以创造更强有力的产品资讯和更好的概念，有的放矢，到达目标人群。别忘了，传统的消费者研究只收集个人资料，只告诉我们消费者如何看待自己；RDE 则告诉我们消费者对概念或产品的反应，告诉我们对他们而言哪些重要、哪些组合能真正引起他们的兴趣。若从建立原则为目的的角度来看，这正是"吐露心迹"和"对刺激反应"的明显不同。

步骤四：分析测试结果

首先，RDE 会产生大量的资料[5]，因此我们不必面对这个简单、毫无内涵的选美似的问题："这两个概念中，哪一个比较好？"网络软件与网络服务器会扛起所有的重担，包括将概念或资讯片段呈现在被测试者面前，收集评分结果，以及自动分析结果。

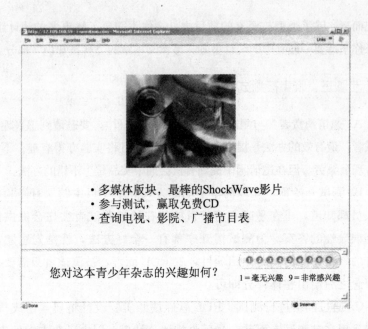

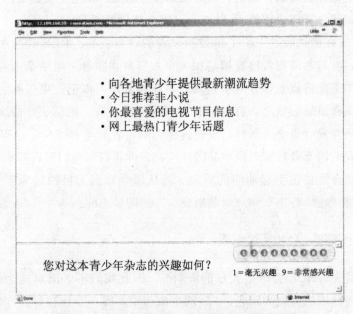

图5—1 青少年电子杂志项目的两个概念测试

科技知识

阅读这一部分意味着你想要知道具体的操作细节。以下就是联合分析的具体内容，它没有你想象中那么可怕。

联合分析是从数学心理学发展出来的一种统计方法，美国宾夕法尼亚大学的沃顿商学院将其开发成了一个务实的营销技巧。就统计层面而言，RDE 使用的就是联合分析的方法，只不过经过了修改。稍后我们将从偏重科技的层面来介绍这个方法。

读过第 4 章"如何让人们乐此不疲地付更多的钱"之后，我们对实验设计（联合分析的组成部分）已有了概略的了解（见表 4—2）。实验设计的细节其实可以用很简单的方法予以说明。

我们姑且将这些数据看做是一张大型的计算表文档，每一行代表一个测试概念。我们有 386 种不同的实验设计，386 位青少年读者（被测试者）1 人为 1 种。386 种不同的实验设计里，每一种都包括 48 种测试概念，这表示总共有 386×48＝18 528 行资料。读者不必担心如何以人工输入所有资料，只要使用 IdeaMap. NET 这类资料收集工具或软件，全部作业都能进行自动化处理。

每一行有其对应的栏位，代表不同的要素（总共 36 栏，代表 36 个测试要素）。表 5—2 显示了 18 528 行资料中的几行，以供读者参考。

1. 假如要素出现在测试概念中，则对应该要素的栏位以数字 1 表示。

2. 假如没有出现要素，则以 0 表示。

3. 你会看到很多 0，这是因为大多数要素不会同时在一个概念中出现。你会看到少数几个 1，表示那些要素出现在了概念中。

4. 接下来是评分栏，里面的数字代表被测试者对概念感兴趣的程度：1 代表毫无兴趣，9 代表非常感兴趣。

5. 最后一栏是将前面一栏的评分加以转换，评分 1~6 以 0 表示，7~9 以 100 表示。之所以将原始评分转换成二元数值（0 与 100），是因为人们习惯如此解读数据。虽然青少年读者的评分是 1~9，但我们真正想知道的是，他们到底喜欢这些概念（7~9 的评分）还是不喜欢（1~6 的评分）。以 100 作为数值也有助于将回归分析的结果转换为被测试者的百分比。表 5—2 的最后一栏即是转换后的兴趣值。

6. 到此为止，这个试算表矩阵已经可以直接进行回归分析了。[6]
回归分析是非常流行的统计工具，可以找出自变量（要素）与因变量
（评分）之间的关系。我们要找的就是 36 个要素"出现/不出现"跟被
测试者"感兴趣/毫无兴趣"的评分之间存在什么关系。

7. 回归分析得到的数字代表某消费者对样本概念感兴趣的条件
概率。

表 5—2　实验设计与数据的范例（部分资料）

概念	类型 A	类型 B		类型 D	评分	
	123456	123456		123456	1～9	0～100
1	000010	000010	……	000001	4	0
2	001000	000010	……	000100	6	0
5	100000	000000	……	001000	8	100
6	000010	100000	……	001000	7	100
13	000010	000010	……	000000	3	0
21	100000	000000	……	000100	2	0
22	000100	000000	……	000001	7	100
23	000000	000100	……	000000	6	0
25	000100	000000	……	000010	3	0
26	000000	100000	……	010000	9	100
47	000000	001000	……	100000	3	0
48	000000	000010	……	000000	5	0

关于青少年读者的想法，RDE 发现了什么

研究人员收集了被测试者评分，为每一个被测试者的评分结果进
行了回归分析，最后结果也整理出来了。那么让我们和营销人员、广
告部门以及媒体策划者一起来看看这些数据。

　　分析中首先出现的是加常数（通过回归分析所得），也就是在没有任何要素的情况下，青少年读者仍然对电子杂志有兴趣的条件概率。这个加常数告诉我们青少年对于电子杂志有多大的兴趣。这里加常数只有25％，换句话说，在没有任何附加资讯的情况下，只有25％的青少年被测试者表示仍对电子杂志感兴趣。从这个数字来看，我们了解到一件很重要的事：电子杂志还需要一点"什么"来吸引青少年读者。不需要直接问被测试者对电子杂志的一般感觉如何，只要分析读者评分与要素之间的关系，答案便自然浮现出来了。

　　RDE根据被测试者提供的个人资料以及对自己的描述，从各方面剖析386位被测试者的反馈。我们针对每一组被测试者建立RDE模型，找出加常数（底线）以及36个要素对评分的影响。不管我们如何分析数据，结果都是一样的：电子杂志本身并没有特别吸引青少年读者，影响最大的还是杂志的内容。

　　经过回归分析后，所有36个要素都各有一个数字。这个数字是回归模型产生的系数（通常称为效用值），表示该要素对消费者兴趣之影响力的条件概率。换句话说，效用值代表感兴趣的青少年读者人数的递增百分比（正值）以及递减百分比（负值）。我们只在意得分最高的要素（表示吸引力最大），将吸引力大的要素用在概念或网站中才能吸引更多青少年读者。这就是RDE里的"金矿"：告诉我们怎么做才能成功（见表5—3）。

表5—3　386位青少年被测试者选出的最佳要素

电子杂志的要素	
做小测验，赢免费CD	6
了解自己	6
介绍超棒ShockWave影片的多媒体专栏	6
听听男生对你的情感疑难杂症的建议	5
看看电视、电影院或电台有什么好节目	5
来做我们的科技小百科测验	5
如何找到符合个性与兴趣的工作	5

　　首先，我们发现效用值的范围很小。表现最好的要素至多吸引了

6％的青少年被测试者，几乎微不足道。事实上，没有什么要素的表现是特别突出的。电子杂志应该要有＋10以上的效用值，也就是如果在概念中加入这个要素，可以多吸引10％的青少年读者。如此平庸的结果，可能是由于众多青少年电子杂志中没有一个真正符合读者的兴趣，也可能是参加的青少年被测试者刚好分属两个不同的极端，意见刚好被中和了，也或许是被测试者当中的群体事实上差异很大，只是个人资料看起来差不多而已。

读者可能会问：＋6的效用值究竟好到什么程度？这个数字是好还是不好？表5—4提供了大致的判断标准。表中的数值范围并不是死的，数值解读也只是大概，不过读者还是可以大致了解什么数值以上可以称为重要。

表5—4 如何解读效用值

效用值范围	解读
15 以上	超好！高度感兴趣。
10～15	非常好。
5～10	还可以，有点价值。
0～5	为什么要用这个？没有效果……可以丢弃了。
0 以下	很糟糕，反而降低兴趣，尽量避免。

注：这里的原始评分已被转换成0～100的分数。[7]

其次，我们发现负面的要素很少。不管电子杂志还是广告，在解构类似商业资讯的过程中，我们很少看到负面要素。通常，企业已将明显具有负面效果的概念剔除了。不过另一方面，我们也没有看到表现非常好的要素，或许是因为企业在过滤负面概念的过程中把极佳的概念也去掉了，留下的是不好也不坏的概念，这样做，事实上没有真正取悦到读者。

第三个发现来自对众多不同电子杂志表现的观察。是否有哪本电子杂志能做到"百发百中"，每一项要素的效用值都很高呢？是否有哪本电子杂志屡战屡败，每一项效用值都接近于0呢？对照图5—2（图中的黑圆圈代表从左边电子杂志中取样的要素），我们很惊讶地发现，大多数电子杂志都落在中间地带：没有一本电子杂志在每个项目上都表现很好或者超过平均值。

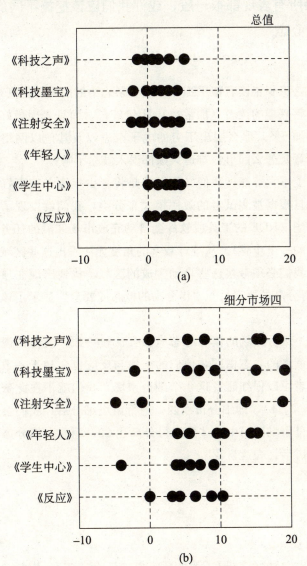

图 5—2　多种电子杂志的得分表现

注：上图为整体表现，下图为在细分市场四的表现，每个黑圆圈代表以回归模型计算出的要素效用值。

如果所有表现都很一般，或许我们应该挖掘不同的读者心态

看来，青少年读者似乎不在意电子杂志中的内容。但真是如此吗？如果基本感兴趣的读者（加常数）只有 25%，而且表现最好的要素不过额外再加 6%，那么层出不穷的电子杂志以及其他以网络为主的传播方式究竟是怎么回事？难道大家都误入歧途了吗？

事实上不大可能。我们必须做的是将青少年读者按喜好的不同来分类。一旦根据被测试者的效用模式来分类，我们就发现了 4 种不同的细分市场（RDE 的工具或软件会自动完成市场区隔的任务，因此是自动生成的一个步骤）。从统计数字的角度无法看出这些区域究竟是怎么回事，我们必须考察这些自动生成的区域，找到出现在顶端的要素（也就是得分高的要素）。[8] "得分高的概念或要素"显示了该细分市场的特性。

同一个细分市场的读者心态应该会比较一致，换句话说，因为这些青少年读者的心态雷同，他们的想法与反应也会趋于一致。电子杂志的从业者可以仔细研究这 4 个细分市场，我们就不在此赘述了。请参考图 5—2（b），即细分市场四；进行市场细分后，我们会惊讶地发现，在细分市场四当中有些要素得分高达 20，而这个细分市场的特点是"喜欢讲话、表达自我"。

小结：

现在我们知道了他们是谁以及喜欢什么，下一步该怎么做？

当初这个 RDE 的目的是为了利用竞争对手的电子杂志来判断哪些概念奏效及哪些概念无效。进行这项研究的电子杂志出版公司达到了

目的，他们知道了竞争对手的出版内容，也知道了哪些内容可以吸引什么样的读者。不过，RDE 还可以告诉我们更多。我们发现了电子杂志市场的特性，包括读者对电子杂志的基本兴趣（其实不大）、不同的读者心态（总共 4 种，分别对应四大细分市场），以及竞争力分析（谁的产品正中目标、谁的产品又相去甚远）。由于竞争对手的电子杂志在网络上唾手可得，这个 RDE 项目几乎一夜之间就把结果和盘托出了。

了解了竞争对手的电子杂志内容（不论是资讯内容还是遣词造句），RDE 可以让企业拥有完整的情报分析，不仅是资料收集，更包括模式分析，甚至掌握未来创造新电子杂志的原则。如果你愿意，还可针对不同的细分市场设计新型的电子杂志内容。RDE 不仅让你获得知识，更教你怎样利用知识追求创新。

现在回到创业家埃里森身上，看她读完本章后是否离她的事业目标更近了一步。

有人说，仅发明好产品还不够，重要的是能够将产品卖出去。创业家埃里森看起来还不像是一位老练的营销大师，但即将面对的竞争者却是拥有电子商务经验并受到过网络世界洗礼的网络精英，而且恐怕他们已在商场上建立了响当当的名号（哪怕他们的产品或许没有埃里森的好），这些人甚至可能已经通过为数众多的电子杂志和其他传播途径快速推广了自己的事业。埃里森可以参考他们的网站、通讯、产品信息以及图样，但是她不知道哪些可行、哪些行不通，她完全不知道该从何处下手，也没有时间和金钱可以重复竞争对手走过的路，或从他们所犯的错误中汲取教训。

她是怎么做的呢？埃里森并没有在挑战面前屈服。利用本章学到的技巧，埃里森从竞争对手的网站上收集资讯，解构他们的产品信息及图样，然后加入了自己的创新。如我们所知，她的确相当有创造力。接着，埃里森运用市面上能买到的网络工具将这些资讯输入到既有的实验设计中。几乎任何人都可以轻易操作这种网络工具，不需要参考任何统计书籍（顺便提一句，她手头上也没有这类书籍，她在大学期间这门课的考试成绩也很一般）。接下来，埃里森通过电子邮件邀请被测试者到网站上完成一份简短的调查。短短数小时内，顶多一天的时间，埃里森就召集了足够数量的被测试者来完成调查，之后软件自动生成可行的方案，告诉她哪些可行、哪些不可行，哪些事竞争对手做对了，以及有助于有效集中营销及获得较高利润的消费心态、细分市场等。

RDE 情报分析的突出特点是它十分简单且经济，可以快速收集资讯，立刻获得务实的行动方案。埃里森甚至不需要焦点小组座谈会（一般来说，RDE 的成本普遍比焦点小组低），只要解构竞争对手的网站即可。埃里森也不需要担心网络服务器和咨询部门的问题，只要有一台个人电脑和网络连线就可完成一切。软件商提供的服务器功能强大，可以自动处理试验设计、资料收集、回归分析、细分市场等工作。RDE 所需的时间只有数小时或一天。至于商业上的好处是，埃里森可以发现目标客户当中的不同心态，这可能是其他市场调研方法永远得不到的。

RDE 很适合预算拮据、只有一部笔记本电脑的创业家吧！如果你对激烈的广告竞争感到害怕，不知所措，不晓得该从何开始，一直想着以下的问题：

我应该吗？……我可以吗？

答案就在这里：

试试看吧！[9]

你可以的！

注释

[1] Sources：Michael Green，"From 'Fanzine' to 'Ezine'：A Brief History of Ezines." How To Corporation，2005. www. easyezinetoolkit. com/articles/brief-historyofezines. html.

[2] Mani Sivasubramanian，"How to Publish the Perfect Ezine," In *The Ezine Masters*，Ed. Dr. Mani Sivasubramanian（MediKnow Publishing Company：Madras，India，2002）.

[3] 例如 IdeaMap. NET，是一个完全可以自己动手制作信息优化的在线工

具。我们会在书的随后部分具体介绍。事实上本章中所有的截图都是用 Idea-Map. NET 工具做成的。如果您是沃顿商学院出版社的注册读者的话，您可以自己试用这个工具。

〔4〕我们前面提到过，所有的数学和复杂的步骤都由 IdeaMap. NET 工具自动完成。

〔5〕我们对青少年作测试的概念总数为：每位测试参加者 48 个概念×386 个测试参加者＝18 528 个概念。有些概念可能是重复的，取决于设计的规模和结构以及参加被测试的人数。

〔6〕P. E. Green and V. A. Srinivasan, "A General Approach to Product Design Optimization via Conjoint Analysis," *Journal of Marketing* 45 (1981：17‑37).

〔7〕当兴趣值被转为 0～100 分的范围时，表 5—4 中的功用值是相应的。例如，如果测试参加者用 1～9 之间的数字表示他们感兴趣的分值，那么需要按以下方式进行转换：1～6 分将被转为 0，7～9 分将被转为 100。如果是 1～5 分的范围时，则 1～3 分将被转为 0，4～5 分将被转为 100，等等。见前表。

〔8〕P. E. Green and A. M. Krieger, "Segmenting Markets with Conjoint Analysis," *Journal of Marketing* 55 (1991：20‑31).

〔9〕Dr. Seuss, *Green Eggs and Ham* (Random House：New York, 1976).

卖掉蓝象
如何预知顾客需求
打造未来的明星产品

第二部分

创造未来

精灵已经从瓶子里跳出来了。RDE为许多知名企业创造
了佳绩，难怪人们持续不断地开发这项技术，以期将其应用
范围拓展到新的领域。在第二部分当中，我们将看到RDE如
何推动产品创新、创造更好的包装与杂志封面，以及应用于
其他各个方面。

SELLING
BLUE
ELEPHANTS
RDE

第6章 消费电子行业创新的魔方

最近，本书的作者戈夫曼乘飞机从纽约飞往迈阿密，在翻阅《美国之路》杂志（*American Way*）时，无意中看到了两篇简短有趣的文章，文章再次强调了持续创新的潮流所导致的激烈竞争令许多企业和国家望而生畏。[1]

第一篇文章：

倾听的力量

根据最近的调查，市面上有 2 345 种随身听专用的小型耳机或耳塞式耳机，不过德国品牌森海塞尔（Sennheiser）推出的 3 种 iPod 专用耳机的确表现不凡。PX100 型（60 美元）能够完美呈现极佳的浑厚低音，几年前市场上还没有如此优秀的产品。PX200（70 美元）的表现也同样杰出，外壳为封闭型的设计，减少音乐溢出。较低端的 MX500（20 美元）音质层次感没有那么好，但耀眼的金属蓝外衬以及流线型的音量控制钮也颇受欢迎。

——克里斯·塔克（Chris Tucker）

资料来源：www.sennheiserusa.com

第二篇文章：

小投资，大回报

比笔记本电脑小一些、又比手机大一点的诺基亚770上网本在移动通信领域占据了主流市场。770使用开放源码的Linux系统，具有Wi-Fi无线网络连接功能，同时有高清屏幕，可以浏览照片与网站，收听网络电台，订阅RSS*以便随时跟自己喜欢的"博客"保持同步。其售价为350美元。

——克里斯·塔克

资料来源：www.nokiausa.com/770

假如音乐爱好者想要测试市面上所有的小型耳机，每次测试需要1分钟的话，总共需要40小时以上（相当于1周的工作时间）。这还只是小型耳机的一部分！竞争者争相推出的大量产品让消费者越来越眼花缭乱。企业该如何开发能在市场中脱颖而出的新产品？

有关新产品开发的研究非常多，相关杂志也数不胜数。除了产品、服务本身之外，还有专门研究"创新"的学术理论，研究何谓创新、如何创新、如何利用创新获利，等等。

以电子消费品为例，要具备什么条件才能成功地开发及销售新产品？对大众心理有高度洞察力的设计师（如iPod的例子）？特别积极进取的营销人员（如微软的例子）？大师级的广告专家？还是以上皆有？或许，真正成功的产品创新是像前面提到的诺基亚的产品那样博采众长。当然，假如重新组合就是创新的话，这些特性应该互补，如此做出来的产品才会更出色。有待回答的问题很多，然而答案可能比你想象的还要有建设性、容易获得且易于实施。

接下来，我们将详细讨论以RDE为基础的组合式产品研发，这个系统性的方法很可能在短时间内创造出新的产品概念。持怀疑态度的人可能会认为组合式创新太过机械化、太死板、太自动化，完全背离了创新的精神。这种指责并不正确，美国著名的创意家、迪士尼大学

---

* 网络语言，简易内容聚合（really simple syndication）的简写，通常被用于支持网络新闻或博客。——译者注

的教务长兼讲师迈克尔·万斯（Michael Vance）曾说过："创新若不是创造全新的产物，就是以新的方式将旧东西重新组合起来。"[2]

我很认同 IDEO 总经理汤姆·凯利（Tom Kelley）的理念："更便宜、更快速、更简单的方法。"[3] 假如你可以奢侈地花费好几个月的时间来观察顾客并能够设计出一个"完美"的产品，那算你走运。但在今天的商场上，这样的例子毕竟是极少数。竞争对手恐怕没有耐心等那么久，他们随时在跃跃欲试，设法抢先一步夺取市场。还记得微软视窗 3.0（3.1 之前的版本）因为比 IBM 的 OS/2 2.0 早一点推出而大获成功的例子吗？稍晚推出的 OS/2 2.0 在很多方面都比微软的操作系统优越，但最后还是失败了。也许有人会说，IBM 失败有很多原因。[4] 那么让我们来看"时间"因素对成功与失败的影响。

20 世纪 80 年代中期，IDEO 正在研发东芝笔记本电脑（Dyna-book）的项目，这是东芝最光滑的便携式设计之一，具有黑色镁合金的外壳，有着领导潮流的外形。当时有些最成功的预测专家认为这种设计会大受欢迎，汤姆·凯利就是其中一个，此外还有向来以"预测能力超准"著称的风险投资者们。但有一件事出乎了东芝的预料，同时也超越了支持者们的想象，那就是英特尔即将推出新一代的中央处理器 Intel 386。当东芝终于推出精心设计但配备了 286 中央处理器的笔记本电脑时，他们才发现再好看的外壳、再完美的组合都无法让使用过时科技的产品取得成功。[5] 时间因素非常重要。

通过前面几章我们知道，RDE 过程讲求速度，同时也推进速度。那么，整个过程是否有可能更便捷、快速、容易使用，让每个人不论在何处都可以在 24 小时内利用 RDE 来了解消费者的心理呢？

随着科技发展的日新月异（同时对于用户来说越来越简单）、网络的普及，对于上面的问题，答案是肯定的。[6] 让我们来看看如何实现，以及同样重要的——为什么。

以 RDE 为核心的程序化及组合式的研发

若要了解程序化的产品开发模式，最简单的方法是想象一个结果，然后往前推演达成这个结果所需要做的功课。我们将以一家在亚洲刚成立的公司为例。艾伯克斯（Abacus）［公司名称以及产品名称"游戏玩家"（Gamester）均为化名］的主要业务是创造、生产及销售新的电子消费产品。其管理团队年龄都在 30 岁以下，朝气蓬勃、干劲十足，但公司却缺乏资金，事实上是几乎没有资金。不过，这 4 位专业人员都是网络迷，从小玩电脑长大，网络对他们而言不只是科技，更是生活的一部分。共同创立艾伯克斯之前，他们分别在不同的企业和领域工作，包括软件设计、网站架构、软件销售，也玩过无数的电脑游戏。

为了决定开发何种产品，艾伯克斯必须测试消费者对电子消费品新概念的反应。针对该产业进行初步市场调查后，这群年轻的创业家发现，市面上的创新产品大概都是这样产生的：在市场上找寻灵感，通过焦点小组座谈会在世界各地测试新概念，然后制作模型。在这种情况下，工程师主导一切，因此产品开发的步骤是创造、测试、进入市场。

"应该有更好的方法。"这些年轻人认为。也许通过网络和 RDE 这类技术，可以合成电子消费产品的新概念。但是该怎么做？秘诀又在哪里？

传统的产品开发方式显然速度太慢。收集竞争对手的情报确实有用，世界各地的市场调研公司也能提供许多详细的市场分析报告。很多企业都有专门储存档案的房间，堆满一叠又一叠的报告。若要安排焦点小组座谈会测试新概念也不难，只是花销太大，而且焦点小组座谈会的结论往往只是确认已知的想法罢了。[7]

网络上随处可见的新型电子消费品或服务以惊人的速度涌现。浏览过 CNET 这类网站的人会发现，新产品涌现的速度还在不断加快，常常是一个新产品推出没多久，刚被消费者接受，一大堆号称功能更强大的竞争产品便瞬间面市了。CNET 每周向读者发出大量的电子邮件，图 6—1 为其中一例。将这个数量乘以 10 倍、20 倍，就不难想象新产品竞争的激烈程度了，简直就是你死我活的"物竞天择"。现在，几乎所有榜上有名的热门产品都是多功能的；几年前，如此丰富的功能组合要么停留在科幻小说里，要么就是天方夜谭。

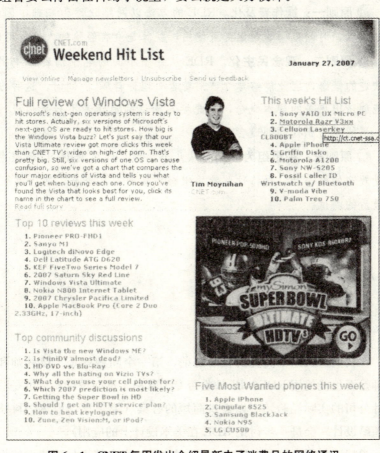

图 6—1　CNET 每周发出介绍最新电子消费品的网络通讯

通过 RDE 将艾伯克斯的产品开发过程程序化以迎接挑战

接下来，我们来看艾伯克斯在改造开发的过程中，如何做到更简单、更快速、更经济。改良的原则归纳如下：

⚫ **原则一：操作普及化。** RDE 的方法以网络软件为基础，因此，不分地点、时间也不管是谁都可使用，就算是没有经验的人员也可以。

⚫ **原则二：观念民主化。** RDE 从许多不同的电子消费品中提取受欢迎的概念，因此能够建立"消费者心理资料库"。同时，这种方法也能创造出更多的样本概念，因此参与测试的消费者不只是消极的裁判，更能成为积极的创造者。

⚫ **原则三：视重组为创新。** 从几个小型、简单的 RDE 研究中提取受欢迎的概念后，再将这些特质组合成新的产品概念，然后用 RDE 做最后的测试。

从策略到细节：
艾伯克斯是如何做的

在我们进入这个流程的核心之前，第一个问题就是：设计师和工程师是否也能使用 RDE？RDE 是否专为营销人员而设计？以下是一家设计公司的实际经验，可以提供简短的答案（第 7 章"当热门科技遇上超酷设计"会进一步讨论 RDE 在美术设计上的应用）。

福特厄尔联合公司（Ford & Earl）是一家专精于品牌建设的设计公司，总部位于美国密歇根州特洛伊市（Troy）。消费者研究部经理芮妮·卡梅伦（Renee Cameron）利用 IdeaMap. NET 做过数百项意见调查，她表示："这个方法最吸引人的地方是，用一次焦点小组座谈会

的费用就能获得量化的资料，而且耗时更短，因此能实现成本和时间
的双节约，更诱人的是这种方法既完整又富有条理。"[8]

那么工程师呢？我们在第 1 章讨论惠普经验时就领略过 RDE 的研
究过程。可见，除了营销人员之外，RDE 也广受科技人员与艺术家的
欢迎。卡梅伦的同事、优化集团（Optimization Group, Inc.）总裁杰
夫·埃瓦尔德（Jeff Ewald）在谈到 RDE 与惠普时表示："现在我们两
个星期内就可以完成原本要花 6 个月才能完成的工作，而且确切地知
道该给客户提供什么具体建议。"

现在，我们可以开始按照以下的步骤来"创造"新产品了。基本
上，就好像把各种零件组合起来，然后创造出新的东西。电脑软件会
负责所有繁琐的工作，从概念的重组、匹配、收集到自动分析、生成简
报等全部包办。以下的步骤跟引言中提到的一般 RDE 程序稍有不同。

步骤一：根据不同的产品创造（或选择）要素的基本分类结构

有了分类结构，艾伯克斯就可以在电脑上将近似的概念重组配伍。
就电子消费品开发而言，分类结构大概如表 6—1 所示。

表 6—1　电子消费品要素的基本分类结构

类型	内容
类型 A	这是什么？有什么功能？
类型 B	为谁设计或为何设计？
类型 C	使用便利度
类型 D	特色
类型 E	配件
类型 F	在哪里买？怎么找到？

步骤二：在系统内选择不同概念加以"整合"

艾伯克斯从三个不同的电子消费产品中选出了几个概念予以"整
合"，然后创造属于自己的崭新产品，这些不同概念如表 6—2 所示。[9]
虽然艾伯克斯已初步研究过哪些概念值得采用，但只有将这些概念整

合在一起之后才能确定主观判断的正确程度。不过，第一次就正中目标其实并不是那么重要，因为实验过后，艾伯克斯还有机会再用 RDE 测试其他概念，包括更新的概念或完全不同的概念。

表6—2　三种电子消费品包含的概念（具备什么功能）

平板电脑	便携式 DVD 播放器	便携式游戏机	新产品："平板 DVD 游戏玩家"
笔记本电脑与平板功能的成功组合	7 英寸显示屏便携式 DVD 播放器，让你可以随时观看影片	具备多种功能，将便携式游戏机带入另一个境界	平板电脑、DVD 播放器与便携式游戏机的成功组合
PDA 的尺寸与笔记本电脑的性能	便携式 DVD 播放器，拥有 10 英寸液晶显示屏，让旅途不无聊	流线型的多媒体便携式游戏机，同时具备 PDA、观看影片及播放 MP3 的功能	便携式"平板 DVD 游戏玩家"拥有 10 英寸液晶显示屏……保你旅途愉快
全功能个人电脑，小到可以放进口袋	支持多种格式的便携式 DVD 播放器，3D 模拟环境音效	多合一便携式娱乐组合……游戏、音乐，功能多样化	多合一便携式娱乐组合……游戏、音乐，功能多样化

注：灰底部分为艾伯克斯选出来予以整合的概念。

步骤三：邀请潜在顾客到网站上参与测试

这一步跟前面几章提过的案例相同，即通过电子邮件邀请被测试者。

步骤四：（自动）创造新产品概念并请消费者测试（现场测试）

被测试者很快地根据"直觉"为每一个概念评分，不需花费太多时间，他们并不知道这些概念是整合三种既有的产品而得来的，当然也就不会在意。像这种网络调查，大部分被测试者不会特别细心，更不会逐字仔细阅读；他们回答问题的方式就像我们多数人看到广告或产品促销一样，基本上是根据直觉做出反应。假如被测试者还能花点心思在上面，我们就该庆幸了。RDE 之所以有效，正是因为它的实验设计为被测试者指出了重点，至于被测试者是否意识到自己评分背后的原因则无关大局。

值得说明的是，"游戏玩家"的测试概念其实并不完整，这也正是RDE 在新产品设计与宣传内容设计方面之所以那么有效的根本原因。艾伯克斯专案建立的"零碎概念资料库"中有 6 个类型，每个类型有6 个要素。[10]一般人直觉上会认为艾伯克斯应该要测试完整的"游戏玩家"概念，这是不正确的，因为所谓完整的概念必须具备所有 6 个类型当中的要素之一。许多人误以为唯有呈现完整的概念，被测试者才会对产品有正确的认知。的确，很多产品开发的传统方法都使用完整概念测试的逻辑。[11]

RDE 不因袭这一套规则是有其充分理由的。它逐一计算出每项要素对每一位被测试者构成影响的绝对值（或功效）。要计算这些绝对值并建立资料库以供日后作为决策的参照依据，唯一的方式是运用统计学家所谓的"非完整设计"。有些测试概念的设计初衷就要做到不完整。至于这些非完整设计中的概念顺序该如何安排，尚不属于我们在此讨论的范围，读者可自行参考相关书籍和电脑软件。[12]只要记住，在非完整设计实验中，可以运用统计方法（例如回归模型）来分析数据，计算出绝对效应值。因此，以创建小型概念为策略的 RDE 具有以下优势：简单的概念在测试过程中比较容易阅读；得到的数据确凿，可以随时进行分析；分析结果储存在资料库中，未来可作趋势分析或产品分析。

步骤五至步骤七：分析结果并生成可行的规则

RDE 的最高指导原则之一是不需要花费太多工夫就可直接得到答案。哈佛大学的史蒂文斯（S. S. Stevens）——作者莫斯科维茨的博士论文指导教授——曾在 1967 年言简意赅地说道："应该避免损伤眼睛。"史蒂芬斯所谓的"损伤眼睛"指的是"眉心感到疼痛，因为看到数据化成的图表里的线和点对不起来……觉得所看到的图是勉强画成

SELLING BLUE ELEPHANTS
卖掉蓝象 如何预知顾客需求，打造未来的明星产品

的，太复杂，没有真实感"。

领会了史蒂文斯教授的名言后，我们回过头来看 RDE 为这个结合
DVD 播放器、便携式游戏机与平板电脑的新电子消费产品找到了什么
答案。

表6—3显示了所有我们需要为"游戏玩家"这个新产品开发确定基
本方向的资料，并列出了平均效用值（或称影响系数）。我们再一次看到，
根据消费者心态进行市场细分能够创造出更有效的产品与产品信息。

表6—3 **"游戏玩家"部分要素在整体被测试者及三个细分市场**
(S1、S2、S3) 的得分表现（最重要的要素以灰底显示）

	要素	整体	S1：强大的功能及便利性	S2：多元功能及高科技	S3：娱乐性及便利性
	基本测试人数	236	53	116	67
	加常数	34	42	34	28
A1	平板电脑、DVD 播放器与便携式游戏机的成功组合	6	0	7	**10**
A3	多功能……除了播放 DVD 之外，还可以听 CD 或 MP3、玩游戏、当做台式电脑使用	**9**	0	**13**	8
B1	可变换……可当做台式电脑或笔记本电脑使用	6	0	7	8
B4	不管在家里哪个角落都可以看电影……	6	−1	4	**15**
C2	市场上最轻的多媒体装置……可以走到哪里带到哪里	3	1	0	**10**
C4	市场上最轻的多功能装置……	1	−2	−1	**8**
D1	三个具有记忆功能的快捷按钮……	3	7	−3	**10**
D4	配有轻薄遥控器、变压器、影音接线以及可充电电池	3	**10**	−3	**8**

续前表

	要素	整体	S1：强大的功能及便利性	S2：多元功能及高科技	S3：娱乐性及便利性
E2	可按照您的需求量身定做	6	**13**	5	0
E4	附赠外出配件	4	**13**	4	−3
F1	各大百货公司均有销售	6	**9**	1	**10**
F2	在您喜爱的电器商店即可买到	4	1	1	**11**

结果显示，至少有三个不同的细分市场。读者稍后将看到，艾伯克斯不管选择哪一个，结果都很可能会相当成功。他们根据 236 位被测试者对"游戏玩家"产品特色的反应模式来划分细分市场。

在我们按照艾伯克斯的方式研究详细数据之前，先根据三个细分市场中得分最高的概念为每个细分市场分别命名。虽然划分市场是统计模型的任务，但电脑既非产品开发人员，也不是营销人员；电脑软件可以将消费者分类，却无法为细分市场命名，它只能把消费者分成不同的组。没关系，我们可以参考每一个细分市场中最受欢迎的概念，以这些概念为细分市场命名。

🔘 细分市场一的消费者对强大的功能及产品的便利性特别有兴趣：

"可选择加购 CD-RW 或 DVD/CD-RW 光驱，方便备份资料、安装软件或观赏影片。"

"可按照您的需求进行个性化组装……"

🔘 细分市场二的消费者对功能的多样化特别有兴趣，并且可能关注最新的科技发展动态：

"'平板 DVD 游戏玩家'具备 Windows XP 专业版所有的功能与特性。"

"多功能……除了播放 DVD 之外，还可听 CD 或 MP3、玩游戏、当做平板电脑使用。"

🔘 细分市场三的消费者特别偏好便携式娱乐以及产品的便利性：

"市场上最轻的多媒体装置……可以走到哪里带到哪里。不管在家里的哪个角落都可以看电影……不限于一个房间。"

艾伯克斯运用这个 RDE 项目受到了许多有趣的启发，也发现了很
多新产品开发的机会。要列举这些发现并不难，因为产品开发人员就
是这样分析数字背后的意义的：

1. 不论就整体还是各细分市场而言，消费者对"游戏玩家"的基
本兴趣都只有中等程度。整体的加常数是 34，表示每 3 位被测试者当
中大约有 1 位对"游戏玩家"的产品概念感兴趣。没有一个细分市场
真正对这个产品非常感兴趣；如果真正非常感兴趣，该细分市场的加
常数应该会很高。相对地，三个细分市场中也没有任何一个对"游戏
玩家"完全没兴趣，但信用卡就常有这种情形。

2. 艾伯克斯可以并且应该针对不同的细分市场开发不同的新产
品。一个产品不可能适合所有的人。三个细分市场都有艾伯克斯认为
被测试者最感兴趣的概念（见表 6—3 灰底部分），细分市场内表现最
好的要素就是新产品的基础。

3. 艾伯克斯应针对顾客的心理开发产品。艾伯克斯以简单的系统
方法将要素整合在一起，虽然网络软件功不可没，但被测试者的心理
才是开发产品的真正关键。虽然被测试者本身很有可能无法清楚地说
明自己想要什么，但艾伯克斯完全不用担心如何创造多种样本的概念。
艾伯克斯只要有一个概念资料库就行了。关于这个资料库，我们将在
第 8 章"心理基因学：'货架上的'消费者心理"中详细说明。

艾伯克斯如何利用资料库设计"游戏玩家"

RDE 究竟如何创造这些新产品概念？新产品的开发过程将不同要
素整合在一起，融合成一个全新的产品。以下几个原则可以确保得到
有意义的结果：

◉ 原则一（就客观而言）：整合在一起的要素必须在直觉上对被

测试者有意义，且能够做到互补，必须能形成一个和谐的概念。

原则二（RDE 的要求）：要素必须在细分市场内得到高分，这样，产品才能吸引该市场的消费者。

原则三（对企业而言）：产品概念必须合乎经济上的测算。

如果三项原则都符合了，结果就会产生一个新产品，甚至可能是一系列新产品。讨论过要素整合的策略后，接着我们来看艾伯克斯通过要素重组而生成的两个产品概念（见表6—4）。

表6—4 两个"游戏玩家"产品概念

高科技细分市场的产品	便利性细分市场的产品
多功能……除了播放 DVD 之外，还可听 CD 或 MP3、玩游戏、当做台式电脑使用	台式电脑、DVD 播放器与便携式游戏机的成功组合
可变换……可当做台式电脑或笔记本电脑使用	不管在家里哪个角落都可以看电影……不限于一个房间
影院模式在灯光不足的情况下可以调整画面的明暗对比	三个具有记忆功能的快捷按钮……操作常用功能时方便快捷
可加购声音输出分接装置，将一个立体声输出分成两个，以便观赏影片、听音乐或玩游戏	在您喜爱的电器商店即可买到

对艾伯克斯而言，RDE 的系统性方法就是创造新概念的方法。这些概念必须加以测试，而且基于经济上的理由以及为了确保整体概念的和谐，还必须经过再三微调、改进及修改。有人说，确保整体概念和谐是主观的判断。事实真的如此吗？关于这一点，我们将参考不同的意见。

艾伯克斯如何通过发现匹配的概念加强新产品的开发

到目前为止，讲到产品开发与产品信息的创造，我们谈的不外乎从被测试者整体或某个细分市场中找出评价高的要素。那么，同一个概念内的不同要素又有什么相互影响的现象呢？有时候可能某两个要素各自表现得非常好，但叠加在一起时，产品就失败了，这是因为这两个要素相互抵触，或者，更常见的是两者起不了任何互助的作用。有时候某些要素的组合就是出人意料的好；可能每个要素分开来看不错，但配合在一起更相得益彰。

让我们看看 RDE 取得的一些进步，从而协助艾伯克斯和其他的产品开发者找出彼此适配的要素（这种要素相辅相成的现象称为综效），以及彼此排斥的要素（也就是会相互抑制）。

这个过程的理论基础不在本书讨论的范围（因为整个过程是由软件自动处理的），我们直接讨论表 6—5 的结果。举例来说，$C_3 \times E_6$ 的结果刚好中和，若将效用值相加（＋1 及 ＋1），结果并不显著（＋2）。然而，RDE 发现，这两个概念有非常大的综效（＋16），因此实际总和应该是＋18。

根据参与众多 RDE 案例所积累的经验，作者发现，通常只有少数几个要素（如果有的话）能够相辅相成。同样地，RDE 的网络软件 IdeaMap. NET 能够自动找出这些要素。[13]艾伯克斯的产品开发人员在设计"游戏玩家"时也将这一点纳入了考虑范畴。

表 6—5 以下是"游戏玩家"的要素组合中真正起作用的部分（仅列出部分供读者参考）

综合	要素	内容	效用值	交互效用值	效用值简单加总	实际效用总和
真正的综效（实际效用总和＞效用值简单加总）						
$C_3 \times E_6$	C_3	影院模式在灯光不足的情况下可以调整画面的明暗对比	1			
	E_6	可加购声音输出分接装置，将一个立体声输出分成两个，以便观赏影片、听音乐或玩游戏	1	16	2	18
$A_5 \times F_3$	A_5	多合一便携式娱乐组合……游戏、音乐，还有更多	2	16	2	18
	F_3	在电器专卖店 Best Buy 或者 Circuit City 都有销售	0			

续前表

综合	要素	内容	效用值	交互效用值	效用值简单加总	实际效用总和
真正的综效（实际效用总和<效用值简单加总）						
$C_5 \times F_4$	C_5	经得起意外摔落	4			
	F_4	直接在原厂网站购买可享有 30 美元的折扣优惠，数量有限	2	−15	6	−9
$B_2 \times F_5$	B_2	可传送个人信息给朋友、家人及同事……甚至可以传送手写文字、绘图，或在电子邮件上添加手写签名	5	−15	9	−6
	F_5	网络销售，提供给您更方便、更快速、更有效率的购买渠道	4			

小结：
使用 RDE 创造新产品概念的结果

这些整合型概念会成功吗？艾伯克斯的产品会畅销吗？RDE 只是答案的一部分。经过整合不同商品要素产生的概念若在 RDE 测试中胜出，在其他测试或正式上市后通常也表现不俗。道理很简单，重组、匹配后的要素很快地呈现在被测试者面前，这种测试方式不同于"选美"，也就是以选出一位优胜者为目的；RDE 的测试比较像损耗测试：在这种测试中胜出的要素，在任何测试中都会脱颖而出。选择这个要素就好比在不论什么比赛、气候、跑道、骑师的条件下都表现良好的赛马上下注，被选中的要素就像冠军马一样，获胜几率很高，值得放到新产品的设计当中。

创业家埃里森呢？她能否从本章获得一些有用的经验？埃里森经营的事业相当不错，销售的产品种类逐渐增加。不过，埃里森对新产品的灵感正好在这时用尽了。因此，当一家全国性的连锁量贩店希望她提供家庭号大包装的冷冻食品（内含多种不同产品）

时，埃里森兴奋极了。这样一来，她不就有机会进入量贩市场了
吗？尤其这家连锁量贩店对她来说意义非凡，让她想起小时候心
目中的偶像。

新产品不必开发，只需要重组。那么，最佳产品组合是什么
呢？随机组合是不行的，假如埃里森正好将彼此排斥的产品包装
在一起贩卖，恐怕许多原先有意购买的消费者也会却步。更棘手
的是，假期就要到来，埃里森几乎没有什么时间了。她现在就需
要 RDE 工具！能够成功整合现有产品的 RDE 恐怕是埃里森此刻的
最佳选择。

一位忠实的顾客最近送给埃里森一本有关创新的书。她发现书中
有一个有趣的想法——将实验比喻为跳舞：

> "有时候，音乐没有办法让你翩翩起舞，或者你的舞步踏错
> 了。即使如此，没有理由非停下来不可。就像作家常常一辍笔灵
> 感就消失一样，当我们停止做样本时，产品创新也会突然中断。
> 万一缪斯女神离你而去，不要拿起抹布来擦桌子，要靠自己的力
> 量写东西。"[14]

听来很熟悉吗？就像是埃里森耳熟能详的句子"试试看，试试看！
你也可以！"又突然回到耳际。只不过几年过去了，遣词造句也比较讲
究而已。

注释

[1] *American Way*, 1 November 2005 issue; AA Publishing, Fort Worth, TX.

[2] As quoted in Kerri Salls, "Of Butterflies and Bumblebees," *Breakthrough Success Newsletter*, BBS 4（26）（2 August 2005）.

[3] Tom Kelley, *The Art of Innovation: Lessons in Creativity form IDEO, America's Leading Design Firm* （Currency: New York, 2001）.

[4] 有些人认为不能完全"归罪"于微软公司。其成功并不只是因为微软的
软件灵活或完美无瑕；也因为它的竞争对手过于"慢、无能、没有竞争力而且目
光短浅"。——引自 Brad Wardell, "Celebrating OS/2 2.0's 10th Birthday,"
www.stardock.com/stardock/articles/os2 _ birthday. html, 31 March 2002。

[5] Tom Kelley，*The Art of Innovation*，referenced earlier.

[6] Alex Gofman and Howard Moskowitz, "Consumer-Driven 'Concept Innovation Machine'：A Dream or Reality?" In *Proceedings of the XVI ISPIM Annual Conference*，"The Role of Knowledge in Innovation Management," Porto, Portugal，2005.

[7] 见第 1 章。

[8] Tim Macer, "DIY MR ASAR OK?," *Research Magazine* 432（*May* 2002：42 - 43）。

[9] 高科技产品，例如消费电子产品，甚至常常会在它们正式上市以前就过时了。在看表 6—2 时需要将这一点牢记在心，因为这些内容看起来可能有些过时了，尽管在艾伯克斯为了"游戏玩家"这一新产品而评估这些内容的时候它们还是很超前的。

[10] 出于一些原因，很多使用者认为这个特殊的设计非常有用。作者也很喜欢。但这并不意味着你就不考虑其他的设计了——例如尝试选取其他 5 个类别的 4 个要素或 10 个类别 3 个要素的流行设计。

[11] Dan Lockhart and Matt Knain, "An Overview of Alternative Conjoint Approaches," *The Research Report* 11（1），Maritz Marketing Research，Inc.（Winter 1998）。

[12] 例如 SYSTAT、SPSS 以及其他软件——如果你不用 IdeaMap. NET 这种能够全自动运行的软件的话。

[13] 这种还在申请专利的技术是 IdeaMap. NET 特有的。

[14] 同前面提到的汤姆·凯利所著的《创新的艺术》。

第7章 当热门科技遇上超酷设计

　　辛西娅·罗利（Cynthia Rowley）是一位国际知名且得过大奖的时尚与食品设计师，梳着两条马尾辫，看起来像个学生，她常常从日常生活的事物中获取灵感和新奇的点子。谈起设计方面的不寻常、反传统甚至反直觉的东西，罗利会显得兴致盎然，比如说，印有 LV 图案的名牌卫生纸，或者有品牌的奶嘴。除了像罗利这样的设计师，谁的工作会如此需要灵感？设计师不就是靠灵感谋生的吗？有人问罗利：当你寻找下一个广受欢迎的设计时，灵感和实验哪一个比较重要？她说："这是鸡与蛋的问题。事实上，两个都很重要，我觉得各占一半。"

　　实验可以将好的设计从"还不错"提升到成功甚至杰出的境界。设计师和商业人士往往靠灵感想出一个新产品，然后借由实验确保产品成功。另一个方法则是通过实验选出几个方案，然后靠灵感将它们变得更好。"灵感与实验"应该是相辅相成、如影随形的，是互补的，而不是如某些心存狐疑的设计者所说的那样相互排斥。

　　可惜的是，我们常看到设计和产品的功能脱节，没有把使用者的方便性放在首位，有时甚至假"艺术"之名而完全忽略消费者的需求。有些设计师为了将对手比下去，会设计出消费者眼中累赘且不美观的东西。这类以自我为中心的设计打着艺术的名号，因为太过与众不同、太过新潮，开始的时候也许可以使一些顾客产生新奇感[1]，但这种对产品的注目并不保证能转化为实际的购买行动，原先预计能够吸引的顾客群反而可能失去兴趣。有什么方法可以避免类似的失败？可以开发产品概念的 RDE 是否也能用于设计方面，将开发产品的步骤用于设计，以确保新产品符合消费者的需求？

本书作者的一位好友马尔科·拜沃罗（Marco Bevolo）是少数能够看穿后现代设计障眼法的幸运儿。事实上，他的职责很大一部分就在这方面。身为预测与趋势部门的主管，拜沃罗主导飞利浦设计的文化趋势研究项目。他和设计界的几位趋势专家一样，相信企业必须逐渐走向环境智能的境界。[2]听起来很唬人，其实环境设计主张的就是以人为中心的设计，强调使用者的便利性，利用科技让设计可以随着使用者的需求及偏好而自动调整。环境智能也许在不久的将来会成为主流，未来感应、改变与获得反馈等功能都内嵌在机器里面。但现在呢？设计师该如何感应、改变并获得顾客的反馈？

以消费者为驱动力的设计方式只有那些具备消费者洞察力与设计师背景且训练有素的专业人士才能胜任。演算法或软件无法取代他们，至少未来几年内不可能。有幸将这些杰出设计师网罗在旗下的企业必须千方百计地留住他们，而我们是否有办法让他们的工作更轻松、更有效率呢？

现代科技是设计师的一大帮手。例如，科技可以为设计师提供系统的方法，帮助他们从无数的设计元素与设计样本中找出可行的方案。设计的选择范围因而缩小了，剩下的是比较可行、接受度较高的样本。同样是设计师的心血结晶，只不过一开始就及时地采用有关消费者喜好度的实际数据来分析，就会使得整个过程变得更有效率。

设计过程的时间点很重要。高效率的实验应该在设计师将宝贵的时间投入到找寻那些消费者可能不喜欢的元素上之前就开始进行。对艺术家而言，高效率的实验让他们得以专注在投资回报率更高的任务上，例如发明下一个 iPod。有了 RDE 作为设计的指导原则，企业即使没有（或者请不起）大牌的趋势专家，也有可能发明广受欢迎的设计。[3]本章中你将看到这样的例子。

设计师使用 RDE 时，如何才不会觉得受到威胁？1811—1817 年间的卢德运动就是工人阶级对于机械化生产的到来而产生的消极甚至诉诸暴力的反应，因为他们害怕机器会取代他们的工作。然而，事实完全不是这样，机器让工人的工作更轻松，效率也更高。个人电脑和制图软件并没有取代工程师和建筑师，而是让他们更加得心应手且提高效率。毫无疑问，专业人士已不再觉得自己受到任何设计辅助工具的威胁，RDE 之于设计师也是类似的情况。幸运的是，现在没有人害怕机器会取代设计师的地位，至少在可预见的将来这是不可能的。通过计算和分析消费者的心理代数学，使用视觉样本取代文字描述的概念作为测试内容，RDE 能够减轻设计师的负担并提高他们的效率。[4] RDE 就像永远不知疲倦的助理，不会报怨，没有情绪低潮，不会顶嘴，也不会忘记。

在第 6 章"消费电子行业创新的魔方"中，我们看到著名的设计公司福特厄尔联合公司成功地运用 RDE 解决了一系列产品概念层面的问题。随着产品逐渐变为日常的商品，新产品如雨后春笋般冒出来，设计师的角色越来越重要，企业需要他们为产品赋予新潮的视觉效果。设计师的终极目标在于让产品在众多竞争者当中脱颖而出。优秀的视觉设计能够提高消费者购买货架上的产品的几率，或是保存邮寄的产品目录而不直接扔掉；令人流连忘返的网站让消费者更加投入地浏览，而不是粗略看一眼然后就退出；杂志也是如此。

接下来的 RDE 案例是杂志封面设计，其目标是要知道：若设计者用不同的元素或方式设计封面，消费者的心理如何变化？哪些视觉元素可行、哪些不可行？哪些颜色受欢迎？通过测量一个人注视封面时间的长短（也就是封面吸引力的度量衡），RDE 可以告诉我们哪些元素能够吸引消费者的目光，哪些元素几乎无法唤起消费者的注意，让人过目就忘。有了这些资讯，设计师可以提高创造力，了解哪些方案可行，然后设计出更好的杂志封面。

RDE 的应用：
为"旧房装修"设计的杂志封面

引人入胜的封面是提高杂志销量的一大法宝。杂志封面的目的至少有两个：凭借封面外观与质感建立杂志形象；增加销量及读者群。在消费者目光扫过陈列架的关键时刻，杂志封面如果能够引起消费者的注意力，被拿起来看的几率便会大幅提高。但什么样的视觉元素能够吸引读者？什么样的文字信息可以让读者情不自禁地看下去？随着选择与日俱增，杂志面临的竞争日益激烈。众多选择包括印刷品与网站、付费与免费、公共与私人的 RSS。因此，设计吸引读者的杂志封面更显重要，哪怕多看一分钟也能增加其购买的可能。

这个案例是专为喜欢 DIY 的业主设计的杂志（为方便讨论起见，我们将简化过程并加以匿名）。这个 RDE 的目的在于找出吸引读者、让他们考虑买下杂志的封面设计元素。RDE 能否找出让编辑变得更聪明的原则（至少知道哪些封面元素可以刺激购买率）？这个项目兼具策略性（归纳出让企业变聪明的原则）及务实性（3 个月后的杂志会有什么外观）。

视觉填空

前一章曾提到，RDE 设计规定，部分概念（样本）必须欠缺某个类型。美术设计的第一个关键问题是："消费者思维是否会自动填补视觉上的'空白'？这对 RDE 与封面杂志设计意味着什么？"我们知道，人们在阅读时会自动填补内容，不需要逐字阅读也可看懂文章。那么图像呢？缺少某些要素的图案（例如杂志封面），人们会看哪里？我们是否只看不完整的图案，然后像文字一样为视觉画面填空？

作者根据过去进行 RDE 的经验将结果摘要如下。图 7—1 显示了减少文字信息造成的影响。当文字减少时，被测试者往往会自动填补消失的信息。概念也许不完整，但被测试者仍然可以做出反应，几乎不受影响。[5]

5个元素（概念）	醇厚的红酒，柔和的李子口味，些微干邑的口感 以全球最优质的酿酒传统酿造 在送到唇边之前就能想象到它的味道 特殊节日的庆典佳品 来自加州北部 —
4个元素	醇厚的红酒，柔和的李子口味，些微干邑的口感 以全球最优质的酿酒传统酿造 特殊节日的庆典佳品 来自加州北部 —
3个元素	醇厚的红酒，柔和的李子口味，些微干邑的口感 以全球最优质的酿酒传统酿造 特殊节日的庆典佳品 —
2个元素	醇厚的红酒，柔和的李子口味，些微干邑的口感 特殊节日的庆典佳品

图 7—1　酒类广告概念

注：显示（仅文字部分）信息逐渐减少的影响。

现在我们来看类似的例子，只不过这次是纯图案。我们用肉制品的包装来说明（见图7—2）。首先是完整的包装设计，然后设计元素越来越少。每张图片的资讯都比上一张少，因此被测试者越来越难抉择。尽管好几张设计都不完整，但是当大部分的元素都不见了，人们才会开始觉得难以评价。假如使用完整的设计或只移除一种要素，被测试者通常不会感到困扰。

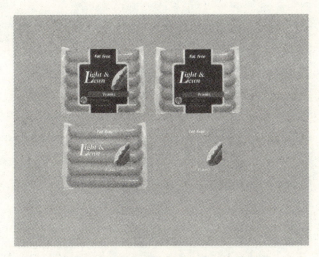

图 7—2　刺激视觉的信息逐渐减少的例子

注：显示人们的想象到哪种程度会停止自动填补空白。

　　还好，RDE 软件具有设限功能，一次最多只能缺少一个类别的元素[6]根据我们的实践经验，美术设计 RDE 的第一个原则是，视觉样本至少应该包含大多数的信息。这也意味着 RDE 必须跟着改变，即需要增加杂志封面的设计样本数量。对于以网络为基础的 RDE 软件而言，这部分不成问题，软件足以承担起视觉要素排列组合的重任。此外，根据经验，接受测试的消费者并不会介意。被测试者看的只是杂志封面，数量多少问题不大。

　　对测试参加者而言，最困扰他们的是没有外包装的时候。只要外包装还能辨识，被测试者并不在意某些元素缺失。因此，美术设计 RDE 的第二个原则是："空白"包装或外形轮廓一定要显示出来。由图 7—3 可以看到，只要保留包装轮廓和标签，概念组合就是合理的，而且不会让被测试者困扰。但前提是我们要遵守上述第一条原则，即杂志封面（或任何测试刺激的项目）一次最多只能缺省一个类别。

图7—3　刺激视觉的信息适度减少的例子

注：一次只省却一个类别，但产品包装的轮廓一直保留。

用 RDE 进行美术设计研究，实际效果非常能振奋人心。在多项专案中，虽然某些设计样本（只占一小部分）的资讯不完整，但被测试者评估不同视觉设计时并没有遭遇困难。[7]

问题的启示

RDE 在美术设计上的应用与在纯文字或图文结合的应用上非常类似。为说明美术设计 RDE 背后的逻辑，我们来看一个简化的杂志设计封面范例。这个封面由三个层次组成（见图 7—4）。现实生活中的杂志封面当然不大可能只有三个元素，但以简化的杂志封面为例比较容易了解。我们可以将杂志封面（或产品包装）的每项设计元素想象成一张投影片（或一层蛋糕）。对于影像处理软件 Adobe Photoshop 的使用者来说，这样的比喻很容易理解。Photoshop 的影像设计用的就是"层次"的概念，每个层次除了主要物体所在之处，其他部分都是透明的。电脑（浏览器）根据 RDE 设计的规则将层层投影片叠在一起，如此，一个个不同的封面设计或产品包装设计就出现了。RDE 设计产生的元素组合决定了杂志封面或产品包装的视觉设计。在测试过程中，消费者可以看到许多由不同元素组合创造出来的杂志封面。浏览器会按照设定，选择一组投影片展示给被测试者看；被测试者看到的不是个别的投影片，而是完整的杂志封面。

图 7—4　RDE 的分层设计

注：可以用多层蛋糕或 Photoshop 里的层次来比喻。图中的明暗以及半透明效果是为了加强图示效果。

　　杂志封面的评估实际上很容易操作，一切工作都由电脑包办；RDE 提供实验设计（也就是每个封面设计样本的制作方式），电脑只需要将设计元素组合起来即可。由于服务器在测试开始前就已上传妥当，所有单张投影片都已储存在被测试者所要使用的电脑里了。

　　当被测试者看到这些合成的杂志封面时，他们并不知道也不可能知道背后的实验设计。投影片组合的速度非常快，被测试者根本察觉不出杂志封面是由多张投影片组成的。被测试者一次评估一个封面。若整个评分过程历时 12～18 分钟，大多数被测试者都可接受。事实上，他们甚至表示很乐意参与这个实验。值得注意的是，人们评估视觉设计的速度比阅读文字快许多。虽然美术设计 RDE 所使用的样本比较多，但被测试者直觉反应的速度也快，因此整个测试时间并不会很长。

尽管设计师担心被测试者很有可能无法给不完整的杂志封面打分，但事实正好相反。被测试者顺利评估了完整的杂志封面（见图 7—5）以及不完整的杂志封面（见图 7—6）。随后，消费者接受测试结束后的调查，当被问到是否觉得别扭时，几乎没有被测试者表示看到不完整的杂志封面感觉很奇怪。[8]

图 7—5　简化后完整的杂志封面例子

注：类似报刊架上摆放的样子。

图 7—6　不完整的杂志封面例子

注：这也是 RDE 规定要做的测试概念之一。[9]

杂志编辑从美术设计 RDE 中学到了什么

这项测试的目的在于了解杂志封面设计中各个元素对读者的吸引力。虽然杂志编辑不喜欢自己的创意被评估（他们认为"创意是无法衡量的"），但现在也必须接受以消费者对封面的评价为杂志发行的先决条件。

在这项研究中，我们使用了三种类型，每种类型各有三个要素。图 7—7 显示了测试中每项要素的效用值。[10] RDE 的目的在于判断每项要素的影响力，以及找出效果极佳的设计样本。视觉元素对消费者的吸引力必须是正面的。这类信息所能带来的好处相当多。假如编辑知道哪些封面要素特别吸引读者，不仅可以将杂志封面优化，更能将这些知识整理成原则，来指导日后的设计。

常数:18

背景	T	标识	T	标题	T
	8	Place	2	Welcome Home	4
	3	Place	0	Exterior Motives	−1
	−4	Place	−1	Restoration Basics	−2

　　−4　　　　　　　　　0　　　　　　　　+4
　削弱兴趣　　　　　　中性　　　　　　增强兴趣

图 7—7　将 RDE 运用在杂志封面设计上

注：效用值＋4 以上代表增强兴趣，−4 代表削弱兴趣，介于＋4 和−4 之间代表中性。

由于许多人认为 RDE 的系统性有违设计师的创意，所以在设计圈中大家对 RDE 仍褒贬不一。杂志编辑的第一个问题是："这个调查会不会太长了？怎么能有人对自己的答案那么肯定？电脑屏幕上的杂志封面样本能告诉我们什么？"RDE 要找出提高消费者接受度的杂志封面元素，当然必须使用各种不同的样本。在前面章节的食品开发个案中，我们并没有看到开发样本的过程中出现问题；最主要的原因是，意大利面酱或其他消费性产品的开发人员早已习惯了"样本"概念。然而，对杂志编辑来说，测试封面样本确实是一个颇为新颖的概念。因此，编辑们的反应跟 30 年前 RDE 刚在产品开发领域萌芽时产品开发人员的怀疑态度没有两样。幸好，被测试者并不是编辑，不会有类似的心理障碍。在简短的说明后，被测试者迅速地在 12～15 分钟内顺利完成评分。

RDE 服务器自动分析从 657 位被测试者那里收集而来的评分，很快就产生了最初的结果。这些被测试者要么目前是该杂志的读者，要么就是出于对类似题材的兴趣而来到网站、有望成为未来读者的人。哪些要素会脱颖而出？题材以画面为主，这是意料之中的。图 7—7 中的 T 栏（兴趣）代表受到设计元素影响、有意购买该杂志的被测试者的百分比。这些数字可以相加；从加常数（18）开始，一项一项加起来，总和就是一个杂志封面组合的整体评价。

首先来看封面照片这个类别。假如放第一张照片，大约 26％的被测试者有兴趣（加常数 18％加上第一张照片的效用值 8）；如果是最后一张照片，只有 14％（加常数 18 减掉第三张照片的效用值 4）。按照同样的算法，有 20％的被测试者喜欢"欢迎回家：以最快的速度整修您的家"的文字，只有 14％的人喜欢"整修基础知识：选择合适您的墙板"。

杂志编辑想要知道的另一件事是如何吸引读者的目光。封面有好有坏，RDE 究竟如何开发吸引人的封面，使之既美观又能抓住读者视线？RDE 使用的方法很简单：测算从读者一看到杂志封面到给予评价之间的时间。RDE 软件有一项特殊功能，就是画面完全显示在屏幕上之后才开始计时，上传和下载的时间不计算在内。被测试者的反应时间有长有短，RDE 的任务在于找出反应时间所对应的杂志设计元素。反应时间对编辑来说相当重要，因为在此之前，编辑还无法客观判断哪些元素特别吸引读者的注意；读者也许没有意识到自己正盯着杂志封面的某部分，但无论如何他们的确受到了吸引。

图7—8显示了各个元素的"注视时间"，以毫秒为单位。有些数值为正数，表示若该元素出现，被测试者的注视时间较长；杂志编辑将此解读为：该元素对读者具有吸引力，也就是注视时间增加。举例来说，相对于没有任何文字的封面，当封面出现"室外主题：改头换面可以提高房价"的标题时，我们可以预测被测试者平均多花3/10秒的注视时间。这是怎么回事？被测试者在这段时间一定做了些什么！被测试者很可能在阅读标题。接着从被测试者给予的评价可以知道，这个标题具有正面的影响，增加了被测试者购买的意愿。结果是两者兼得：封面上有正面的文字，而消费者也愿意花时间去阅读。RDE可以测量读者的意愿以及注意力。

毫秒

A1		170
A2		250
A3		190
B1	Place	30
B2	Place	−30
B3	Place	−60
C1	Welcome Home	300
C2	Restoration Basics	110
C3	Exterior Motives	210

常数：190毫秒

例一：
A2＋B1＋C1＝
250＋30＋300
总计：580毫秒
加常数：190毫秒

对封面1的
反应时间：770毫秒

例二：
A1＋B3＋C2＝
170＋（−60）＋110
总计：220毫秒
加常数：190毫秒

对封面2的
反应时间：410毫秒

图7—8　杂志封面元素对注视时间长短的影响[11]　（以毫秒为单位）

表中的时间值也有负数，代表有了这些元素之后，平均注视时间比基本值还短。举例来说，三种大标题版本中，有两种对注视时间有负面的作用。当然，这不等于说被测试者观看的时间少于0秒，负面作用的意思是：封面上若出现这些元素，被测试者注视的时间比平均值（基本值）要短。

是否所有好的概念都会吸引消费者的目光？或者应该这么问：消费者是否曾经一直注视某种元素，最后却觉得不喜欢？这是编辑们常问的问题。这时，图7—8的数据就非常有用，举例来说，有趣的文句似乎让被测试者多花了一些时间。假如读者对杂志标题有兴趣，很可能就会多花时间去阅读。接下来再看其他问题：

1. **杂志封面是否有在吸引读者注意力的同时却削弱其购买意愿的元素？** 这类元素造成购买"负"意愿（愿意购买的消费者人数减少），却有正的注视时间（能够引起注意）。在仔细检查后，我们找不到几个会产生低购买意愿或负购买意愿却能增加注视时间的元素。如果消费者不喜欢第一眼所看到的东西，他们自然不会花时间去关注它。

2. **杂志封面是否有消费者注视的时间不长（吸引力低）但购买意愿高的元素？** 这类元素会缩短人们的注视时间，却会让被测试者做出正面的评价。封面照片有时就是这样——大多数会获得正面评价，但被测试者只需要很短的时间来处理。人们不会花很长的时间看照片，通常是一眼看过就作决定。

把所有要素拼接在一起：
RDE 创造出更优美的杂志封面

归根结底，RDE 就是在告诉我们消费者的心理如何活动，而且具体详细地告诉我们如何将评价较高的元素放在一起，以提高消费者的兴趣及购买率。编辑们如何完成这个杂志封面？答案是：从得分高的要素中选出概念，然后整合在一起。当然，实验的目的不是以电脑软件取代编辑的判断，而是让编辑参考被测试者的偏好，了解他们喜欢什么、不喜欢什么。图7—9为成功封面的例子，图7—10为失败的例子，决定权还是在编辑手上。只不过对于不同的颜色、照片、文案和标题对读者有什么影响的问题，现在编辑已经有了很明确的概念。

图7—9 RDE 合成的杂志封面中得分最高者

注：由全体被测试者评价最好的要素组合而成。

图7—10 表现不佳的杂志封面

注：由在 RDE 测试中得分最差的要素组成。

从平面设计到 3D 立体包装设计

在平面或二维空间的设计方面，RDE 似乎颇为成功（例如印刷品和平面包装）。那么三维空间的立体包装呢？20 世纪 90 年代，我们曾以量身定做、极具未来感的装置来创造虚拟的 3D 体验，结果不甚理想。其他厂商也做过类似的虚拟装置实验，如图 7—11 所示。持怀疑态度的人认为，让被测试者把这样的东西戴在头上，然后为罐装汤料的包装设计评分，并不能让他们真正体验实际购物的情形。

图 7—11　在消费者实验中模拟 3D 环境的头盔

注：由澳大利亚斯运伯恩科技大学（Swinburne University of Technology）提供。持怀疑态度的人认为，当前实验依赖科技的程度对消费者而言不太尊重，负担也太大。

大多数的人已经习惯看着平面媒体（例如书或杂志上的图片、照片、电视等）想象 3D 影像，因此看平面的电脑屏幕为立体的产品包装评分并不是问题。真正的问题是：如何将包装分割成个别元素，以便重新排列组合？接着，我们就来探讨科技所能提供的部分解决方案。

椒盐脆饼包装案例

一家椒盐脆饼制造商想为这种咸味、酥脆、有着独特卷曲形状的大众点心更换一种能够吸引全球消费者的包装。RDE 要回答的问题是：哪些设计元素分别适合不同的国家？椒盐脆饼太受欢迎了，在美国有两个月是以它命名的国定月份。[12] 该如何为椒盐脆饼设计合适的包装呢？

椒盐脆饼已有 1 400 年的历史！据说，一位意大利修道士将剩下的面团烤成饼来犒赏学生。他把面团揉成条状并卷成双手合掌祷告的模样，然后将这个烤成金棕色的新产品命名为 "pretiolas"，也就是 "小奖赏" 的意思。

中古世纪时期，椒盐脆饼被视为联结两个家庭的象征，从此结婚就有 "打结" 的说法，而椒盐脆饼的环状则象征矢志不渝的爱情。

那么，硬椒盐脆饼又是怎么来的？事实上，硬椒盐脆饼是无心插柳的结果：某个烘焙坊的学徒在火炉旁睡着了，结果椒盐脆饼烤得过了头；烘焙师傅起先很生气，但是一尝之下，马上发现这是一个大好的商机。

有人认为，椒盐脆饼是搭乘 "五月花" 号来到美国的，当初来到美国的清教徒用椒盐脆饼跟印第安人交换日常必需品。到今天，平均每个美国人每年消耗两磅的椒盐脆饼；在大西洋沿岸中部各州人均为 4 磅，而费城甚至高达 20 磅。

虽然这种全美最受欢迎的大众零食的发明是偶然的，并不是系统化实验的结果，不过，我们能否利用 RDE 为椒盐脆饼创造新包装呢？椒盐脆饼的包装不像麦片是扁的，因此如何通过二维空间的电脑屏幕解决三维空间的问题是一项很大的挑战。但令人惊讶的是，办法其实很简单。

设计师首先针对椒盐脆饼包装的 6 种元素分别创造出了几种不同版本，如图 7—12 所示。每一种版本被做成投影片模样的 "层次"，放在适当的位置，进行排列组合，包装边缘弯曲的角度也都显示在所有的设计版本中。设计师重复利用一个样板就可以轻松完成。由图可见，做出来的效果颇为逼真，而版本的组合是由 RDE 来主导的。

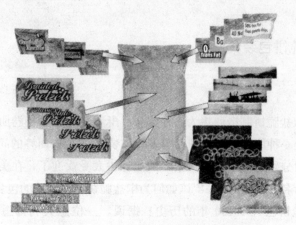

图 7—12　椒盐脆饼包装设计 3D 图

注：包装共分成 6 个部分（类型），每个部分有 4 个版本（要素）可以选择。背景为空白的包装袋图样。

从图 7—13 可以看到 RDE 是如何将不同版本的设计元素组合成包装的样式的。

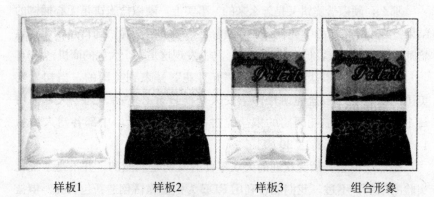

样板1　　　　　样板2　　　　　样板3　　　　　组合形象

图 7—13　将不同版本或元素整合成完整的包装设计
（左边三个样板的包装袋轮廓仅供参考）

与之前以文字为主的 RDE 不同的地方在于，美术设计 RDE 需要有背景图案，尤其是缺少某个元素时，这是实验设计的规定。最好的做法是在屏幕上显示出空白的包装图样，放在所有层次之后当做背景。如此一来，"零设计"（缺少某个元素的设计）才不会看起来像有"破洞"般奇怪。此外，以包装图样为背景也可以让电脑屏幕看起来更像实际的产品包装，就算缺少元素也不至于太难看（图 7—14 的最后一个包装即为一例）。

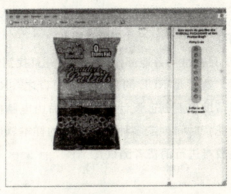

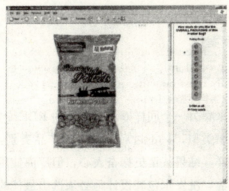

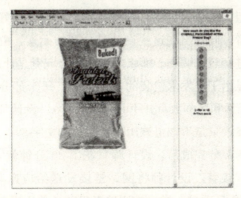

图 7—14 椒盐脆饼新包装的三种设计图

注：依照实验设计，第三个图减少了一项元素，然而适当的设计策略让空白不至于太明显。

这个项目给设计师提供了一个很好的机会，可以使他们将艺术、科学、RDE 以及消费者知识融合在一起。如图 7—14 所示，包装样本看起来相当真实，最重要的参与者（被测试者）也表示跟评估真实的包装没有什么两样。

这个 RDE 项目在世界各地都作了测试，并且找到分别适用于各个国家的设计元素，这就是 RDE 的目的。简而言之，RDE 减轻了设计师的负担，可以帮助他们创造设计元素，然后由电脑搭配组合；设计师无须再辛苦地花费时间创造多种不同版本的样本（这种做法不但毫无系统性，而且较难进行消费者测试）。[13]

洗发水包装案例

最后，我们来看另一个同样以设计为主的 RDE 专案。这个包装设计个案与椒盐脆饼类似，只不过属于另一种产品类别：个人保健与美容。实验原则一样，结果甚至更振奋人心，但厂商使用 RDE 的原因却不同。最后定案前，洗发水包装设计师必须选出最佳的包装设计组合。但根据焦点小组座谈会的结果，消费者喜欢的设计有好几个，无法找出最后的胜利者。问题出在这些设计是分开的元素，由焦点小组的参与者先评估再进行意见调查。那么，最佳组合究竟是什么？

图 7—15 显示了洗发水包装的 6 个部分，每个部分各有 4 种版本（RDE 专案的元素和版本数目并不一定都一样）。设计师对包装的外观已有大概的腹案，只是不知道该用哪种照片和文字。

视觉设计的部分完成后，设计师只花了 30 分钟就完成了 RDE 专案的准备工作。接着，设计师将网站链接发送给应邀测试的消费者。就像其他许多 RDE 项目一样，被测试者只要坐着边喝咖啡边看眼前的电脑屏幕迅速合成的设计影像即可。如同前面提过的 RDE 项目一样，电脑即时将一层层设计叠起来，被测试者几乎察觉不出。图 7—16 显示了设计层叠的大概情形。

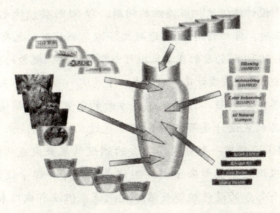

图 7—15　洗发水包装（共有 6 个部分，每个部分各有 4 种版本）

图 7—16　洗发水包装的设计概念

注：有如多张重叠的投影片，最下方为空白的包装容器。

　　到了第二天上午，哪些设计成功、哪些失败，设计师就一清二楚了。我们不再重复呈现各种图表，基本上这和之前的杂志封面项目或任何其他 RDE 项目都是一样的。不用说，美国南部和西部的消费者反应大不相同。经过市场细分，再加上与被测试者的互动，设计师有了更明确的目标，可以针对不同的市场从事更精确的设计了。这又是另一个成功的 RDE 案例，一点也不难，花费也没有高到让公司破产的地步。

真的适用于艺术领域吗

还有一个设计师仍然相当关注的问题，即 RDE 将设计元素加总计分的方式是否正确。当初利用 RDE 进行文字概念测试时，也有人提出过同样的问题。当时 RDE 的目的在于找出可以组合成最佳概念的要素，现在，由于人们相信产品包装设计是一门艺术，于是这个问题再度浮现出来了。

为了回答这类问题，作者做过多方面的研究。[14]要搞清楚 RDE 模式应用于产品包装设计是否正确，可以通过局部控制法来证明。使用这种方法，RDE 只用一部分设计组合的测试结果来做成模型，模型建立之后，再根据这个模型来预测被测试者对另外一部分设计组合可能的评价（这个部分的设计组合虽然经过测试，但没有被用来建立模型：局部控制法的名称就由此而来）。根据我们的经验，预测的准确度相当高。RDE 预测消费者评价的误差不超过正负 7%。大多数评论者对如此高的准确度都无话可说，从此大都同意 RDE 的方法。以预测消费者反应的方式来证明 RDE 的正确性，这对消除设计师与营销人员的疑虑应该会有很大的帮助。

小结：
使用 RDE 创造更好的设计

和前面几章相比，本章的美术设计 RDE 似乎有较大的争议，原因在于美术设计——不论是产品包装设计、封面设计或货架设计——几乎毫无例外地被归入艺术领域，而艺术家不喜欢被批评。"为艺术而艺术"的概念在商业界比较少见，在美术设计界却很普遍。虽然产品包装被视为营销领域新兴的热门话题，从事消费者调查的设计师仍然需要接受日常的指导，提醒他们 RDE 的目的在于发现消费者的观念和需求，而不是了解消费者对系统性测试的反应如何，更不是了解他们对应用实验技术的评价。所幸，现在的设计师逐渐改变了想法，采纳了 RDE 的思维模式，也欢迎艺术与科技的结合。

在我们从事美术设计 RDE 的过程中，创业家埃里森的公司发生了许多事情。她成了企业界的"名人"，并决定将彩色食品的事业扩展到全国超市的速冻食品区。眼前很大的问题是如何选择好的产品包装设计，让产品与众不同。她粉丝团的团长（也是预期的风险投资商）鼓励她推出直邮产品目录。通过第 5 章 "以合法的手段了解你的竞争对手"的解说，埃里森已经知道了该将哪些特色产品放在目录中。之后她继续运用相同的产品信息，而且相当成功。现在，埃里森需要的是引人注目的目录封面，确保消费者会打开目录，这样，宣传工作才对事业的成长有帮助，而不是贡献给垃圾桶。

埃里森将所有的资金都投在了拓展系列产品上，而圣诞假期已非常近了，她必须在很短的时间内完成任务。现在她需要找到顶尖的设计师，设计出吸引消费者的产品包装与目录封面。但时间如此仓促，任务之艰巨可想而知。埃里森也发现，要找到一个跟她一样拥有非传统思维的创意人并不容易。根据埃里森过去和设计公司合作的经验，她觉得这些人眼中的"杰作"可能不适合自己的产品和顾客。因此，她决定雇用一位不错的兼职设计师，或许可以利用一两个晚上完成最后的设计。

埃里森该如何为设计师作准备呢？她可以先预习影像设计软件（例如 Photoshop），并将软件安装在电脑里。埃里森在安装软件、寻找灵感之后还要做些什么呢？

除了已经用在超市产品包装（或曾经考虑使用）的视觉设计之外，埃里森也可以找些适用于产品包装的现成照片。哪些最好呢？

哪个背景颜色最适合？埃里森能想到好几个。少数几个商标选项中，该用哪一个？目录封面也有同样的想法。有的可以由埃里森自己设计，有的可以从现成的照片和设计库里寻找。

根据之前从事 RDE 的经验，埃里森决定借助可信赖的外包网络软件。她选择具有足够变数的实验设计来创造产品包装，上传背景图样、置入照片和商标等。她甚至可以测试竞争对手的包装样本，感觉自己就像一位艺术家或设计师！

对埃里森而言，邀请消费者到网站上进行简短的调查并不是难事。

她之前就做过，而且这种方法觉得简单又经济。被测试者应邀登录网站，然后根据参与项目的不同，分别观看各式的包装样本（项目一）或目录封面（项目二），然后予以评分。被测试者根本不知道眼前的样本是运用 RDE 设计即时合成的。隔天，软件就会自动将结果整理出来，告诉埃里森哪些样本失败、哪些成功。就和前几次一样，埃里森找到了可行的方案。

短短两天，一台电脑、几张现成的照片，居然就完成了这么重大的任务。现在埃里森的兼职设计师可以利用很短的时间完成其余的工作，因为他已经知道消费者喜欢而埃里森也满意的设计是什么了。完成之后，崭新的产品包装以及新出炉的直邮产品目录可望为埃里森带来更大的财富。

一台便宜但功能强大的电脑，外加 RDE 软件，能够得到这个结果，真是不赖！

注释

［1］有人认为"在被华而不实的产品所主导的市场上……难看的产品本身有其存在的合理性"。（Steve Bryant，"MySpace Is Successful Because It's Ugly," *Intermedia*, 21 February 2006; http: //blog. eweek. com/blogs/intermedia/archive/2006/02/21/6156. aspx.）这种观点虽然有时候对某些细分市场来说可能是正确的（例如青少年市场），但通常从长远来说却不被消费者主体所接受。

［2］Reon Brand and Marco Bevolo, "The Long-Term View: Using Emerging Socio-Cultural Trends to Build sustainable Brands," In *Proceedings of Interactions 2002*, *The 6th European International Design Management conference*, Dublin, Ireland, March 11 - 13, 2002.

［3］For more information, see Alex Gofman and Howard Moskowitz, "Consumer-Driven 'Concept Innovation Machine': A Dream or Reality?" In *Proceedings of the XVI ISPIM Annual Conference*, "The Role of Knowledge in Innovation Management," Porto, Portugal, 2005.

［4］Alex Gofman and Howard Moskowitz, "State-of-the-Art Research and Development Tools to Put Innovation in the Hands of the Many," The XV ISPIM Annual Conference, "Successfully Creating Innovative Products and Services: Integrating Academia, Business, and consulting," Oslo, Norway, 2004.

［5］Howard R. Moskowitz, Sebastiano Porretta, and Matthias Silcher, *Food Product Design and Development*, *2005* (Blackewll Publishing: Ames, IO, 2005).

［6］通常来讲你不需要担心这个——这部分 RDE 软件会自动处理。美术设计 RDE 的设计特别针对这点加强了其功能。RDE 软件有一组实验设计是专门为完整或近乎完美的美术设计而创造的。

［7］Johannes Hartmann, Howard Moskowiz, Alex Gofman, and Madhu Manchaiah, "Understanding and Optimizing Communications and the 'Look': Sustainable Co-Creativity Using Internet-Enabled, Visual Conjoint Analysis," In *Proceedings of 2004 ESOMAR Asia Pacific Conference*, Shanghai, 2004.

［8］Howard R. Moskowitz, Sebastiano Porretta, and Matthias Silcher, *Food Product Design and Development*, *2005* (Blackwell Publishing: Ames, IO, 2005).

［9］虽然设计不完整（没有标题），但从测试的结果以及有关测试过程的评语来看，被测试者评估杂志封面时似乎完全没有障碍。此外，实际生活中杂志封面的设计要素通常不止三项，缺少一项其实不容易看出来。

［10］如前所述，这个案例已经被简化并加以匿名。原来的真实案例使用的要素与版本更多。

［11］正数表示该元素增加注视时间，负数表示减少注视时间。时间值加上加常数等于总注视时间。

［12］根据堪萨斯州立大学（Kansas State University）的网站，3 月是国定软椒盐脆饼月，10 月是国定椒盐脆饼月。

［13］Alex Gofman and Howard Moskowitz, "Rule Developing Experiments (RDE) in Package Co-Creation." In Proceedings of 2006 IIR FUSE Brand Identity and Package Design Conference, New York, 2006.

［14］Howard R. Moskowitz, Sebastiano Porretta, and Matthias Silcher, *Food Product Design and Developnent*, *2005* and Alex Gofman and Howard Moskowitz, "State-of -the-Art Research and Development Tools to Put Innovation in the Hands of the Many," both referenced earlier.

卖掉蓝象
如何预知顾客需求
打造未来的明星产品

飞向金星

请系好安全带，准备起飞了！我们将带您探访规则实验
从前未曾到达的地方。就像太空历险一样，很难预测途中会
看到什么。也许会发现新的星球，也许会发现原先预期的目
标无法达成。谁知道呢？让我们一起来倒计时吧……

SELLING
BLUE
ELEPHANTS
RDE

第8章 心理基因学："货架上的"消费者心理

在所有食物当中，美国人真的最喜欢吃冰激凌和巧克力吗？根据
"食品偏好"（Crave It！）的研究成果[1]，冰激凌、巧克力、烤猪排以
及牛排都是最能激发消费者食欲的食品；不过男女有别，各个地区的
人的偏好也不一样。在研究的食品名单当中，排名在烤猪排和牛排之
后的是薯片、咖啡以及鸡肉。根据研究资料，男性最垂涎的是牛排和
烤猪排，而女性则最想吃巧克力与冰激凌。此外，美国东北部的人最
想吃椒盐脆饼跟比萨饼，东南部的人不吃奶酪和烤猪排会很难过。不
止如此，继续研究下去，我们发现中西部和西北部的人渴望吃牛排，
而西南部的人则喜欢墨西哥玉米脆片与汉堡。[2]

为了深入了解消费者，营销人员可以窥视一下能未卜先知的"水
晶球"，或是雇用趋势分析师剖析未来；目的都在于预知未来的潮流，
搭上顺风车，希望能够成为最能洞悉先机、最先进入市场的大赢家。

可是，现实世界中情况是怎样的呢？没有那么多时间和金钱，网
络搜索使信息收集快速得只需按一个按钮，而且还能立刻筛选并分门
别类地整理好。为了创造更好的产品与产品信息，现在的营销人员和
产品开发人员需要能够立刻运用系统化的知识，归纳整理针对消费者

心理的分析资料。我们在前面的章节中讨论了艾伯克斯开发新产品"游戏玩家"的例子，其中提到该公司研究了三种不同的产品：便携式DVD播放器、游戏机以及台式电脑，这是很接近消费者心理的一个案例。艾伯克斯利用心理基因学的方法，将多个来源不同的概念整合成一个新产品，博采众长的新产品概念故而得以诞生。

艾伯克斯的三合一案例清楚地告诉我们，企业的确需要一个有关RDE研究成果的资料库，而且资料库不限于一个产业或一种产品。以食品业为例，企业应该保持多个体系的食品资料库，例如牛排、蛋糕、咖啡、可乐、果汁等。资料库为RDE的研究结果建立共通的构架，使用者只要查看概念及其评价即可。所有的RDE都有这两项资料。然后，我们可以大胆地推进一步。如果一个资料库里不同产品的信息、类型与要素的结构都一致，则更利于营销人员和产品开发人员的工作。他们只要熟悉了如何使用一种产品的资料，就可以搜寻资料库中其他产品的资料，并做到纵观全局。那么下一步呢？其实很简单。营销和开发人员可以了解哪些要素可行、哪些不可行，有哪些细分市场，在所有细分市场中又有哪些适用于所有的产品。追根究底，这么做的好处是可以从大局中看到许多新机会；倘若资料库中的内容过于简单，只包括一种产品的资料，这些机会很可能因缺乏相关性而被忽略。短视的做法常被美化为有条理、有重点的完美主义，最常听到的说法就是："会爬之后再学走，会走之后再学跑。"但我们的资料库一开始就会跑，然后会跳跃，陪伴读者度过漫长而愉快的旅程！

为什么要在资料库上花费如此多的精力？包含多种不同要素（例如产品特性、品牌、情感、产量等）的资料库、包含多种产品知识的资料库，以及RDE早已将要素资料量化的资料库，它们有什么特别之处？有人建议，在既有信息的基础上，还需要加进相关性衡量标准的消费者心理。企业需要如此庞大的资料库吗？承袭RDE精神，一项衡量标准是：资料库的要素效用值对全体被测试者以及主要细分市场的购买意愿有着重大的影响。我们认为，这个资料库可以成为RDE的主要宗旨，也就是我们一直在讨论的"消费者的心理代数学"的合理延伸。

消费者心理的百科全书是新兴科学——心理基因学的基础，建构在基因学与资讯科学上。这个新科学领域的目的在于通过有条理、有组织、以事实为基础的方法进一步了解人们对各种概念的反应。

建立消费者心理基因资料库的三大理由

心理基因学使用的是既有的现代工具，只不过应用方式是新的。这些工具包括实验心理学的刺激反应理论、消费者研究及统计的实验设计与联合分析、营销智慧的网络测试，以及经过多重测试来发现不同的消费心态。心理基因学是以当今最热门的科学——基因学——为模型而建立的。[3]

1. 有关消费者或顾客的信息来源

大量有关消费者的出版物潮水般席卷了商业界，从经济学到心理学，从杂志到科学论文，应有尽有，学科涉及经济学、心理学、营销和其他许多不同的科技领域。各式出版物呈现了消费者研究的多种样貌，从需求与欲望的调查到消费选择的行为的研究，再到广告、传播等等。

如今有关信息的一个关键问题在于，信息资料的数量大有泛滥之势。只要你的工作与消费者的研究稍微有点关系，很可能就会被数不清的论文、书籍、研讨会或强调立竿见影效果的训练课程所淹没。如此大量的信息实在令人不知所措，而消费者资讯系统化的种种努力经常被这爆炸的资讯所掩盖。

虽然资料变多了，但大多数营销或产品开发人员真正能用于了解消费者及顾客的时间却变少了。这些专业人员可以阅读最新的商业书籍、倾听有声书籍，或者参加为期一两天的速成培训课程。问题是，他们能否吸收这些信息？最重要的是，他们必须能够运用这些信息资料。

因此，建立消费者心理资料库的第一个理由就是可以集中整理有关消费者心理的信息，以帮助企业在最短的时间内运用这些信息资料。

2. 有关消费趋势的信息来源

到目前为止，大多数稍具规模的企业都作过跟踪研究，主要目的是了解消费者的态度与习惯。以电脑行业为例，在跟踪研究中，消费者会被问到他们打算购买的电脑品牌。消费者很愿意透露自己的想法及偏好，不过，"生产好的商品"这种笼统的建议并没有什么效果。更实际的是，企业应该了解消费者真正的需求和喜好。

建立消费者心理资料库的第二个理由是可以观察及分析大致的市场趋势，并且在消费者能够清楚表达自己的心意之前就预知他们的要求。借用优吉·贝拉（Yogi Berra）的话来说：要预知并不容易，尤其是预测未来。

3. 有关新产品概念的信息来源

相信大多数从事与营销相关行业的专业人员都听过一句话："要么创新，要么死亡。"不管是出自《商业周刊》的封面还是企业领导人激励员工的谈话，创新都已被视为终极的竞争优势。那么企业究竟应该如何以系统化的方式开发新概念？在以创新为主题的第6章"消费电子行业创新的魔方"当中，我们介绍了在基因学的影响下发展起来的方法，产品开发人员可以利用这种方法将不同产品的要素整合成新产品概念。要使用这种整合产品要素的方法，营销与产品开发人员必须拥有一个完整的资料库，才能使用RDE将既有的要素整合起来。

建立消费者心理资料库的第三个理由是可以持续供给"创新机器"动力、提供新资讯，以便组合或分析来自不同领域（或产品）的概念。

用 RDE 建立资料库

现今大部分所谓的创新大致可以分为两种,但都不是系统的方法:一种是创造新概念的过程本身,也就是所谓的概念形成阶段;一种是评估标准。

概念形成阶段通常包括头脑风暴、焦点小组座谈会或个人创意。前面已讨论过焦点小组座谈会的根本问题(参见第 1 章"惠普改头换面"),现在我们来谈头脑风暴。美国的商业人士在团队精神的洗礼下长大,深深被头脑风暴的发明者——广告界的高管亚利克斯·奥斯本(Alex Osborn)所折服;美国人相信企业的问题可以用这种"突击队的方式"解决。

专栏作家杰瑞德·桑伯格(Jared Sandberg)在《华尔街日报》[4]上分析传统的头脑风暴时表示,头脑风暴注定会失败。他引用大学工程系前系主任约翰·克拉克(John Clark)的话,表示通常在头脑风暴的会议中,注意力总被某个人所"劫持",这个人会试图证明其他人都是错的,努力留给上司良好的印象,要不然就是把头脑风暴变成戏剧节目,自娱娱人。克拉克表示:"在我的印象中,没有一个头脑风暴会议能产生什么真正有创意的想法。"

RDE 的方法不以找到唯一答案为目的,而是一种非常民主、"人人有机会"的方法,并且尊重被测试者及其隐私。概念由被测试者的意见产生,而且越多越好;RDE 则负责判断哪些要素可行、哪些不可行。哈佛大学教育研究所的教授大卫·帕金斯(David Perkins)表示,如果不是这样的话,众人的意见可能会被一个人的偏见所淹没或限制。他认为:"要获得好的概念,最好的方法是让人们私下把意见写下来。"因此,很多时候不需要把人们关在一个房间里,这样反而能得到最好的结果。银行家乔·波利多罗(Joe Polidoro)表示,团体活动的另一个问题是人们常常会"不好意思":"大家坐在那里看起来很腼腆,好像是第一次参加天体营的菜鸟。"而且，不是每个人在开会时都刚好有创意，因此效率自然不高。

不管是团体头脑风暴还是个人创意，RDE 都能大幅改善创新的方式。它可以提供客观、具体的概念评估标准，因此能将概念的产生及概念的评估分开。企业很喜欢为商业流程或业绩成果确定评估标准；例如为会议中所产生的数不胜数的意见创造能够汇集和筛选概念的关卡流程[5]，但是真正缺少的是能够创造概念的正式的系统性方法。RDE 正是这样一个系统的方法。接下来，我们将彻底了解 RDE 如何检验创意，找出真正可行的方案，进而将具体的概念汇集成资料库供日后使用。

既然 RDE 可以在测试阶段将概念重组搭配，何不以系统的方法将不同的产品类别、不同的概念重组搭配，来创造一台以创新为目的的发明机器？[6]

2000 年，我们在毫无准备的情况下参与了一连串有关建立消费者心理资料库的讨论会，主旨是了解哪些趋势有助于食品行业的创新。或许因为食品行业变化的速度较慢，我们一开始便以食品为焦点，主标题是：食品美味、令人欲罢不能的主要原因有哪些？副标题则是：我们能否针对人们对食品的观感建立一个资料库，例如食品的描述、品牌和感官上的满意度等？

当初与味好美公司（McCormick & Company, Inc.）的讨论促成了第一个系统性的 RDE 消费者心理资料库的诞生，也就是"食品偏好"研究。当时策划这个研究时，我们的想法是建立一个资料库，然后每隔几年重作一次 RDE 研究，以追踪消费者对食品的想法以及其他和食品有关的问题。"食品偏好"研究有四点和以前的研究很不一样[7]：

1. 结果有深度。 资料库利用实验设计来了解消费者心理，并使用问卷了解消费者的个人背景资料。

2. 主题范围广。 资料库涵盖的主题很广泛，包括对食品的描述、观感、消费情境、品牌以及健康诉求等。

3. 产品种类多。 第一个"食品偏好"资料库的产品种类多达 30

个，每个产品都经过了大规模的完整研究。就某方面而言，等于是超大型的 RDE 研究。

4. 便于比较。 每个产品研究个案都尽量以类似的方式完成。方法类似有利于比较，可以看出顾客对不同产品、相同类型的信息有什么反应上的差异。

“食品偏好”资料库只是一个开端。你将会看到，一旦熟悉了如何利用 RDE 建立超大型资料库，其他的就简单了。我们和位于新泽西州的 U&I 集团共同成立了 It! Venture 公司，联手推出各种不同产品类型的资料库，包括饮料（Drink It!）、速食（Grab It!）、健康食品及饮料（Healthy You!）、保险（Protect It!）、慈善捐款及公益事业（Give It!），甚至包括如何处理令人焦虑不安的情境以及公共政策（Deal With It!）。资料库的内容包罗万象，但所有的资料都整理得井井有条，方便使用，充分体现了 RDE 的原则。

接下来，我们将以购物经验为例来说明。出于显而易见的原因，我们将这个资料库称作“购物”（Buy It!）。它是在印第安纳大学凯利商学院的协助与指导下完成的。

关于建立资料库，读者或许有兴趣知道以下的事实：人们能力的局限性往往在提笔书写时才会显现出来。我们也许可以自欺欺人地说自己所知甚多，但要将自己的所知写下来时，才会发现原来知道得很少，或者说我们的知识没有章法、缺乏条理。将 RDE 应用于购物和饮食研究时，我们也发现了自己的不足。我们了解到，进行 1 项 RDE 研究很简单，但要执行 30 个类似的研究，建立 30 个不同主题的资料库，而且每个都要有相同的结构，其实并不容易。必须考虑的因素包括：该用哪些实际的类型？购物经验有哪些相同之处？光是为了满足 RDE 对资料库必须有相同设计的要求就让我们伤透了脑筋。一年前建立“食品偏好”资料库时也有同样的经验。基本类型有哪些？为了将同样的基本类型套用在 30 种不同的食品和饮料产品上，我们不得不进一步思考在实验当中研究者该如何与参与测试的消费者沟通，该如何描述橄榄、可乐和薯条才能让我们轻易地比较这些产品，将堆积如山的数据资料整理出头绪，并归纳出可行的

的消费者心理资料库。

　　根据以下条件，我们设计的资料库与资料取得方式非常简单且有效。

　　1. **产品的项目与种类**：这个资料库包括 30 种不同的产品（见表 8—1）。我们的想法是资料库包含的产品项目应该广泛，要囊括所有百货公司和专卖店里货架上常见的产品。我们也希望商品的种类繁多，包括家用品、个人用品以及高价位的产品。

📄 **表 8—1　"购物"资料库的产品项目与种类** ─────────────

家用品	个人用品	高价位产品
烤面包机	泳衣	汽车
果菜机	凉鞋	电视
碗盘	靴子	冰箱
毛巾	正装	沙发
床单	领带	割草机
水杯	袜子	轮胎
桌布、餐巾	太阳眼镜	洗衣机/烘干机
蜡烛	笔	
电钻	运动器材	
装饰用抱枕	书写用纸	
窗帘	婴儿礼品	
灯饰		

　　2. **要素的项目与种类**：从表 8—2 可以看到为上述产品之一（烤面包机）设计的类型与其他例子。资料库里的要素必须使用人们日常交谈常用的词汇（例如描述购物情境或搜寻产品资讯时的用语），才能起到最大的作用。此外，若谈到消费者的感觉，我们也将焦点从产品本身或购物情境扩展到情感层面。资料库的潜力绝不止于此：资料库可以作为进一步品质研究和观察研究的立足点，可以说是洞察消费者的基础。

表 8—2　烤面包机案例类型、要素说明以及实际使用的要素

要素说明	要素内容——烤面包机
类型一：商店设计和实际位置	
提供您需要的所有……商品	我们的产品目录包括烤面包机、食物处理机、果菜机以及专业设备……烤面包机种类繁多
您喜欢的……产品种类繁多，任君挑选	不论网络商店还是实体店面……都有最新、最受欢迎的样式与型号
类型二：产品种类和价格	
产品种类繁多，是您喜欢的样式……可以轻松地找到您想要的，立刻试用……让您满意	无论何时，价格绝对令您满意
一次购足……品牌、颜色、尺寸应有尽有，选择很多	让您满载而归……绝对物超所值
类型三：目标顾客与购物者，情感层面	
让您迅速完成购物	让您迅速完成购物
或许会花不少钱，但绝对让您欢喜地满载而归	一次购足……品牌、颜色、尺寸应有尽有，选择很多
类型四：品牌等级、服务品质和优惠条件	
商店等级	在劳氏（Lowe's）、家得宝（Home Depot）或美伊娜多（Menard's）等家居品专卖店均有销售
	在沃尔玛、凯马特或塔吉特（Target）等大超市均有销售

注："购物"资料库 30 种产品当中的 1 种（只列出部分）。

3. 针对多元化的消费群体收集资料：分别邀请消费者参与 30 种产品研究并不是很有效率，万一邀请函送错了对象，例如邀请到从未使用过烤面包机的消费者来测试烤面包机，该怎么办？

因此我们要换一种方式，让愿意参与测试的消费者选择他们感兴趣的研究。使用这个策略，让真正对该产品有兴趣的消费者参加，很快就能建立起资料库。收到邀请函的消费者只要点击电子邮件里的链接，就可以到达列有不同主题选项的页面，然后选择他们最感兴趣的研究主题。选择之后，消费者会填写一份典型的 RDE 问卷，首先为有系统地变化的样本打分，然后完成个人资料的部分。

从资料库可以学到什么，如何加以利用

利用资料库协助企业做出正确的决策，关键在于弄清楚该用什么资料。现在大多数企业都有很多资料可以运用，却不知道该怎么用。事实上，企业"被资料淹没"是个很贴切的描述。企业所面临的问题是：如何组织资料，将资料变成有用的知识，然后将知识转换成对消费者的认知，最后变成行动。

以下我们将选择性地列出几个议题，以营销人员可能想知道的问题为例，然后举出"购物"资料库所提供的答案。[8]

问题一："推动"购买行为的真正重要因素是什么？

消费者究竟要什么？同样重要的问题是，消费者行为是不论什么产品种类都相同还是会随产品而改变，因此某些因素对部分产品而言很重要，对其他产品就没有那么重要？我们就来看看哪些因素有助于吸引消费者购买运动器材、窗帘和泳衣这三种产品（见图 8—1）。

我们知道，价格是最常被提起的，不过，其他因素也逐渐浮现。以运动器材而言，几乎所有消费者都认为价格是最重要的因素，但只有 2/3 的被测试者认为价格是他们购买泳衣的重要参考因素。这些信息告诉我们，消费者购买运动器材时会更计较价钱，甚至在踏进商店之前就会先花时间研究；因此，销售人员要做好思想准备。购买服饰时，价格因素可能就没那么重要。到目前为止，以上的发现并不令人意外。

产品品质是另一项有趣的影响因素。和价格一样，产品品质对某些产品也是比较重要的（例如较昂贵的运动器材），但对泳衣来说几乎没有什么影响。可能就服饰而言品质并不重要，因此厂商也不必太过强调，但另一方面，运动器材就必须强调品质了。至于窗帘，则介于服饰和运动器材之间，不过，品质似乎也不是很重要的因素。我们正

朝着正确的方向迈进，一点一滴地学习哪些因素重要、哪些不重要，
至少以消费者的观点来看是如此。

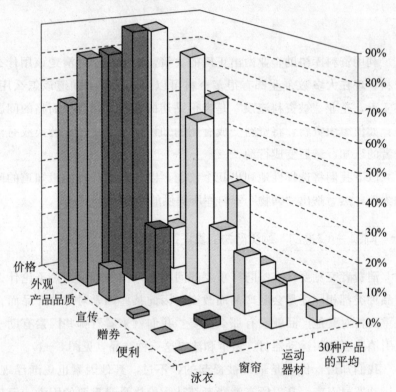

图 8—1　多少比例的消费者认为该因素会影响购买决定

注：不同产品之间差距很大（仅列出部分资料）。

💡 问题二："自助"这个字眼是否对所有产品都有同样的意义?

现今，自助遍布各处，甚至连一些市场和商业智能信息的主要设
备都采用了"自助"。[9]企业越来越追求节约成本，让消费者自己动手
的做法越来越普遍。常见的例子有餐厅让顾客自己端饭菜，不用侍者；
超市让顾客自己结账，不用收银员等。

自助的要素（见图 8—2）是："自助——没有人打扰或拖累你！"
之所以用如此笼统的措辞，是为了让 30 种产品都能适用。不要忘了，

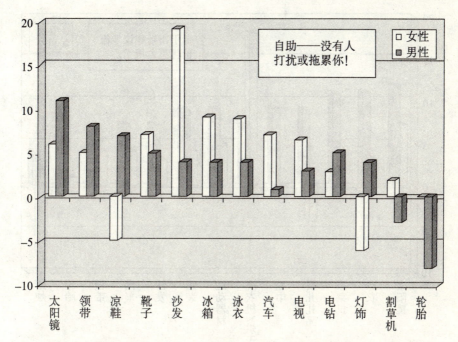

图 8—2　自助的概念对不同产品的影响以及在不同性别消费者之间的差异

注：图中的数值为效用值，代表产品信息出现自助的概念时，会有多少百分比的被测试者考虑购买（仅列出部分资料；产品按男女综合高低顺序排列）。

资料库要发挥更大的作用，就必须能将同一个要素套用在不同产品上。

你会看到，哪些情况下这句话有用，哪些情况下没有用，以及是否对男性、女性都适用。接下来，我们将看到心理基因学如何利用RDE建立以营销及销售用语为主的资料库。图 8—2 显示，销售某些产品类别——主要是低价、低专业性的产品，例如袜子、笔、太阳镜等——自助的方式很有效果。而自助对轮胎销售则没有正面帮助。同样重要的是，女性购买高专业性产品（例如轮胎和割草机）时倾向于寻求获得适当的帮助与服务。

我们也可以用另一句话进行同样的营销与销售分析："低于市场建议零售价大甩卖。"这句话的影响力同样因产品而异，不过影响模式并不明显。部分毫不相关的产品都显示出价格敏感度，例如太阳镜、冰箱和碗盘。真正的差异在于消费者的性别（见图 8—3）。

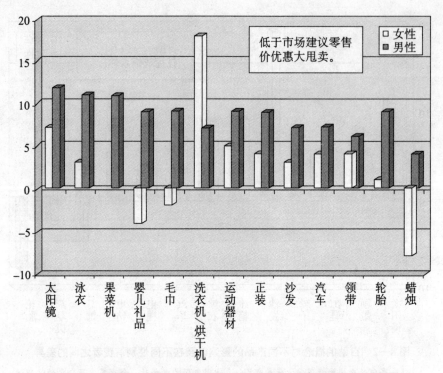

图 8—3　优惠大甩卖的描述对不同产品以及不同性别消费者的影响

注: 图中的数值为效用值, 代表产品信息出现价格优惠的概念时, 会有多少百分比的被测试者考虑购买 (仅列出部分资料: 产品按男女综合高低顺序排列)。

对企业而言, 这究竟意味着什么? 那就是 RDE 创造了一个任何营销人员和销售人员都可使用的资料库, 通过这个资料库, 他们可以知道哪些因素有用、哪些因素没用。我们所列举的要素是否包含了一切? 当然不是。但在看到资料库的结果之前, 我们 (以及大多数营销人员和销售人员) 没有办法真正深刻了解哪些行得通、哪些行不通。RDE 提供的是针对大多数一般性领域创造资料库的工具, 这些领域的相关主题、产品类别以及主要问题都可以一一列举出来并加以整理。

问题三: 我们已经知道消费者的购物习惯是不同的, 那么是否有不同的思维模式? 如果是的话, 这种区分是否适用于所有产品?

本书中不断出现的一个主题是消费者的思维模式有所不同, 这也是 RDE 很重要的议题。

不同类型的消费者有着不同的世界观，对测试概念的反应也完全不一样，因此产品和产品信息才有可能精益求精，更上层楼。我们借着分析消费者对不同概念要素的反应模式来发现细分市场，对某产品或信息反应相同（也就是喜好相同）的人属于同一细分市场。

30 种产品的要素或多或少不太一样，那么该如何细分市场呢？首先要回答的问题是：究竟是否存在不同的细分市场？消费者对购物的看法有没有根本上的不同？根据我们到目前为止的观察，答案是相当肯定的。然后，假如到此为止就不再追究下去了，那么 RDE 的效用跟以前并没有什么两样，那就是找出产品或产品信息的新概念。

我们必须进一步探究：不同产品之间有没有共同的细分市场？假如有的话，这个资料库的价值就更高了，因为如此一来，资料库就成为了解消费者对购物信息反应的重要线索。如果我们在不同产品上一再发现相同的细分市场，那么营销人员与销售人员在推销或陈列商品时就知道该怎么做、怎么说。不同产品若有相同的细分市场，表示我们可以放心地采用一套系统的方法来开发、营销和销售许多相关甚至不太相关的产品，产品开发人员、营销人员和销售人员不至于迷失在繁琐的细节当中，而可以用共通的原则来解决个别问题。简单的原则比繁复而抽象的例子更容易执行。

接着我们来看实际数据透露了什么信息。看过 30 种产品所有被测试者的反应模式，再经过细分市场的过程之后，我们发现"购物"资料库显示出三大细分市场。别忘了，参与购物研究的消费者并不知道我们可以从他们的回答中发现不同的细分市场。分析之后，三个细分市场如表 8—3 所示；我们会根据消费者特别感兴趣的要素或产品信息为细分市场命名。知道消费者的反应后，我们可以借此为细分市场下定义（左栏），并提供一些假设（右栏）。

表 8—3   "购物"资料库中 30 种产品共同的

三大细分市场以及相关假设

细分市场	假设
便利务实型：喜欢购物，需要服务、便利性、易用性以及低价；他们不在乎整体购物环境	这类消费者购物时非常希望有人帮忙照顾孩子与配偶
生活态度型：喜欢购物，讲究产品风格与多样化选择。这群消费者会受到店面环境影响，并且期望购物环境符合自己的风格喜好；部分消费者愿意多花一点钱换取更好的购物环境与购物体验	这类消费者太投入了，以至于常常忘了孩子与配偶的存在
价格/服务敏感型：喜欢购物，而且乐于发掘价格优惠或便宜的产品，不在乎整体购物环境	这类消费者对打折商品很有兴趣，甚至会要求别人也帮忙寻找

图 8—4 显示了一些"购物"资料库项目中测试参加者细分市场的分布情形。很明显，每个产品具有类似的细分市场，不过分布情形也因产品而异。

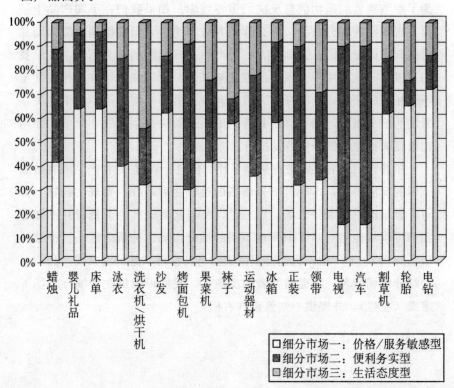

图 8—4   个别的细分市场分布情形（仅显示部分资料）

　　知道说什么、怎么说、对谁说是非常重要的；假如知道的话，就可以针对任何产品种类的消费者设计适合的产品信息，如表 8—4 的电钻案例。以价格/服务敏感型细分市场而言，最好宣传低廉的价格，然后以同样的信息再加深消费者的印象。如果是针对便利务实型的消费者，最好的方法或许是强调购物附加的服务项目（例如礼物包装、送货上门等）。至于生活态度型的细分市场，为了吸引那些喜欢自己动手的顾客，最好的策略是强调电钻和商店的品牌。知道了该对顾客说什么，就能提出有冲击力的产品信息；有了有冲击力的产品信息，销售业绩就可以再创新高。

表 8—4　电钻的热门要素：每个细分市场各有不同的最爱

	整体	细分 市场一	细分 市场二	细分 市场三
基本测试人数	126	91	15	19
加常数	33	33	26	28
细分市场一：价格/服务敏感型				
在劳氏、家得宝或美伊娜多等均有销售	11	**12**	2	13
无论何时，价格绝对令您满意	8	**12**	3	−8
特选电钻，符合您的工作需要、DIY 需求、生活态度和个人风格……任您试用	6	**10**	−10	4
简单、方便的购买……无需争论	6	**9**	7	−11
热心的服务人员，绝不敷衍应付……个性化服务，不会让您觉得自己被占便宜	6	**8**	2	−4
细分市场二：便利务实型				
只要购买电钻即可享受礼品包装服务	−9	−11	**13**	−13
连锁店遍布全国……方便您在任何地点购买电钻	2	1	**13**	1
我们的网站有各种电钻可供选购……还有各式各样您想要的配件	2	4	**12**	−12
让我们贴心的销售人员为您服务……您的需求就是我们的需求	2	4	**10**	−12
不论网站或实体店面……我们都会提供目前最受欢迎的型号	0	0	**9**	−9
细分市场三：生活态度型				
西尔斯百货（Sears）有售	4	1	5	**16**

续前表

	整体	细分市场一	细分市场二	细分市场三
在劳氏、家得宝或美伊娜多等有售	11	12	2	**13**
当地建材店有售	4	5	—15	**12**
沃尔玛、凯马特或塔吉特等大型超市有售	8	8	4	**11**
设计师品牌工具组，还有搭配的附件可供选购	1	—2	5	**8**

　　还有一件事也很重要：了解未来的顾客属于哪个细分市场。如何认定细分市场是一门大学问。营销人员遇到某位消费者时，他如何知道这个人属于哪个细分市场？最简单的解决方法是，不使用为整体市场设计的优化产品信息，而是将每个细分市场的最佳信息整合在一起（例如将不同的宣传信息放在店内各个角落或分散在产品目录中）。当然，假如营销人员猜得到消费者属于哪个细分市场，就不难选择让消费者满意的产品信息或产品本身了。[10]

"食品偏好" 专家如何定义我们的味蕾

　　接下来要谈的是最受欢迎的食品（至少对某些人来说是如此）——奶酪蛋糕。喜欢奶酪蛋糕的人都知道，这种美食有多种不同的变化，美国一家家庭式餐厅奶酪蛋糕工厂（Cheesecake Factory）就提供20种以上的口味。如果你喜欢，可以选择以奥利奥（Oreo）饼干为材料的奶酪蛋糕；拿不定主意的人可以选购当月特选奶酪蛋糕，只要在网上订购，就有专人送货上门。奶酪蛋糕工厂的拿手甜点，光看说明就让人馋涎欲滴了。以下是几个例子：

　　　　我们正宗的奶酪蛋糕，内馅是可口的香料南瓜泥，派底由压碎的全麦饼干烘烤而成，顶层点缀奶油玫瑰花。比最棒的南瓜派还好吃！

　　　　无面粉高迪瓦（Godiva）巧克力奶酪蛋糕：无面粉高迪瓦巧
　　克力蛋糕上面加上一层高迪瓦巧克力奶酪，每一口都吃得到高迪
　　瓦牛奶巧克力，顶层还覆盖了一层高迪瓦巧克力酱。

　　在进行“食品偏好”项目时，我们很快发现有些食品就是特别受
欢迎。巧克力受欢迎的程度远超过其他食品。几乎有 500 名消费者参
与测试。很多人喜欢巧克力，比萨和冰激凌受欢迎的程度只有巧克力
的 2/3；接下来是咖啡因伴侣——咖啡和可乐。奶酪蛋糕与牛排并列
第三。不过，除了奶酪蛋糕之外，还有很多受欢迎的食品。你可能认
为肉桂卷、洋芋片和鸡肉都是令人垂涎的食品，可惜这些都没有奶酪
蛋糕那么受欢迎。另外一个有趣的发现是，男性和女性的口味大不相
同，然而两者的差异不是没有原因的。女性最想吃巧克力，巧克力研
究的参与者有 4/5 是女性；男性最喜欢牛排，该研究几乎一半的参与
者是男性。那么奶酪蛋糕呢？这一项也不令人意外，爱吃奶酪蛋糕的
多是女性（参见图 8—5）。

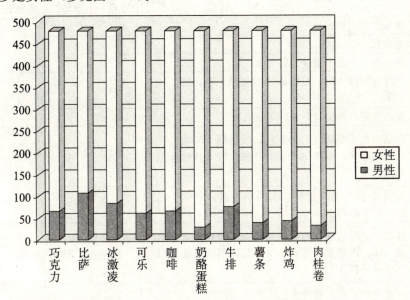

图 8—5　“食品偏好”资料库中的参与者人数

注：参与的人越多，就表示对该食品有兴趣或想吃的人越多（仅显示部分资料）。

　　从表8—5中能看出个别要素的表现。我们在"购物"资料库中也看到了相同的情况。关于食品的描述是重要的概念：最重要的不是品牌，也不是健康诉求或产品品质，而是食品本身！只要看看让172位被测试者感到兴奋的概念（第一栏"整体"）就能了解最受欢迎的是描述食品的字眼。"当外面很寒冷时，温暖的奶酪蛋糕正在向您招手"，像这样的句子并没有太大的吸引力，其效用值普通（＋3），表示只有3％的被测试者会因此改变心意，从"还好"变成"很想吃"。像前文中餐厅菜单那样为吸引顾客而描述奶酪蛋糕的方式比较受欢迎，以下才是吸引消费者的正确用语："布满覆盆子旋涡的奶酪蛋糕，咬得到一块块巧克力碎片，烘烤得香脆的外皮，以大核桃作为点缀。"结果，效用值马上从＋3变成超高的＋19，也就是几乎每5位被测试者当中就有一位改变心意，从"还可以"变成"很想吃"。

表8—5　奶酪蛋糕的热门要素

	整体	细分市场一	细分市场二	细分市场三
基本测试人数	172	36	88	48
加常数	41	55	32	45
细分市场一的关键要素：想象				
当外面很寒冷时，温暖的奶酪蛋糕正在向您招手	3	**11**	6	−8
细分市场二的关键要素：详细说明				
布满覆盆子旋涡的奶酪蛋糕，咬得到一块块巧克力碎片，烘烤得香脆的外皮，以大核桃作为点缀	19	−38	**42**	20
内馅厚实的奶酪蛋糕，浓浓的酱汁，碎果仁，还有新鲜水果片	14	−27	**35**	5
扎实的奶酪蛋糕和如带状的巧克力碎片融合成一体，派底也是巧克力……佐以缀满盘面的覆盆子酱汁	18	−20	**35**	17
细分市场三的关键要素：经典				
奶酪蛋糕外观平滑，口味清淡，质地松软滑润，派底为压碎的全麦饼干	16	−3	15	**32**

续前表

	整体	细分市场一	细分市场二	细分市场三
浓郁的奶酪蛋糕慢慢在口中融化,释放微妙而强烈的味道	17	8	17	**25**
真正的奶酪蛋糕用蛋、奶油、奶酪、糖、香草精和柠檬汁做成	11	4	7	**23**
布满覆盆子旋涡的奶酪蛋糕,咬得到一块块巧克力碎片,烘烤得香脆的外皮,以大核桃作为点缀	19	-38	42	**20**

注:取自"食品偏好"资料库的三大细分市场。

肯德基的发展和我们的发现不谋而合。为了赶超健康食品的风潮,肯德基不仅改变了菜单(其实只变动了一小部分),连餐厅名称也改了。最初,他们以为把"炸"字去掉就可以吸引有健康意识的消费者,于是肯德基采取强劲的营销攻势,以 KFC 之名推销"健康"的快餐。很遗憾,消费者并不领情。肯德基不仅失去了原本只为美食、不顾健康而大吃炸鸡的忠实顾客,也没有从竞争对手那里争取到潜在的顾客。之后,肯德基又宣布要把名字改回原先的肯德基炸鸡。[11]

由此看来,食品本身和食品说明都可以令人垂涎三尺,没有任何产品信息可以取代它们的重要性,即使健康诉求也不能。"不甚热门"的产品信息或许应该作为辅助之用,而不能取代主要的食品说明,这是颇为有趣的发现!

不止如此,上面谈到的一系列资料库,其主要目的是为了建立一整套有关消费者心理的百科全书,让人们了解个别产品以及整个食品市场的运作规律。我们采取惯用的市场细分策略,结果发现有三大细分市场。也许还有更多,但是在不同食品(以及饮料)当中,我们发现了三种不同的心态:

1. 想象型:"为我描述情境和气氛,给我一幅浪漫的画面。我对食物没有太大的兴趣。"为想象型消费者描述产品并不容易,这个细分市场不常见,消费者也不多,172 位被测试者当中只有 36 位属于想象型。

2. 详细说明型:以丰富的文字描述产品就可以让这类消费者上钩。大约一半的消费者属于这个细分市场,这类消费者的基本兴趣很低,千万不能只提"奶酪蛋糕"四个字。这个细分市场的加常数偏低，只有＋32，也就是说每3人当中只有1人有基本的兴趣。不过，只要用对了字眼，可以从32％提升到74％，也就是说每4人当中有3人有兴趣。这类消费者通常对食物很感兴趣。图8—6显示了吸引详细说明型细分市场的实例。

图8—6 适合详细说明型细分市场的奶酪蛋糕

3. **经典型**：给他们传统产品就对了。这类消费者大约占整体的1/4。这个细分市场可以接受奶酪蛋糕的基本概念，即使没有任何产品描述，大约一半的被测试者仍表示很想吃奶酪蛋糕。假如加上适当的说明文字（不夸张、不详细的传统说法），例如"奶酪蛋糕外观平滑，口味清淡，质地松软润滑，派底为压碎的全麦饼干"，可以再吸引32％的消费者。图8—7为吸引经典型细分市场的实例。

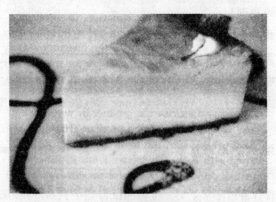

图8—7 适合经典型细分市场的奶酪蛋糕

小结：
未来展望

商业信息资料库并不是全新的概念。不论资料库的内容属于无序的堆砌（例如 Lexis 或 Nexis，抑或其他的网络引擎搜索）还是经过加工整理的数据，利用资料库来辅助决策或作为背景研究如今已成为企业的标准程序。

我们建立的一系列资料库（尤其是"购物"资料库）证明，RDE 可以用来创造独特的新形态的资料库，有助于更进一步了解消费者的心理。我们要的不是能够告诉你谁购买了什么产品以及预测经济趋势的资料库，而是通过营销人员在广告、产品开发以及销售上所使用的语言，创造方便使用、容易解读、成本低廉、立即可用的消费者心理资料库。

这类资料库的前景如何？有了 RDE，大家可以很容易地建立起许多类似的资料库，经过日积月累，最终变成营销人员的图书馆。这样的图书馆成本并不高，而且是由多个不同资料库组成的，包括前文提到的以 RDE 为主题研究的资料库，之后只需要定期更新即可。每个资料库可以只有一个主题，例如购物、保险、快餐或汽车等。资料库的每项研究只专注于某一方面。以汽车为例，我们会有不同的专案分别研究网络比较型购物、汽车展示中心的平面配置、试车、汽车贷款、车辆设计、汽车电视广告等。每项单独的研究都有许多短篇文字供被测试者评分，借此了解消费者的心理，同时也包括有关消费者个人背景资料的问卷。测试短文的来源包括在日常生活中随处可见的题材、经过分解简化后的结果（参见第 5 章"以合法的手段了解你的竞争对手"），以及对该主题未来的发展方向的展望。

有了这些资料库，我们就可以提供简单的[12]依靠使用者付费的搜索式电子图书馆。只要有适合的技术，人们就可以轻易地"查阅"消费者的想法，并且知道应该说什么以及如何说。将来我们甚至可以提供可创造新概念的网络软件，利用本章提到的心理基因学方法将既有概念与新想法融合成新的整合概念。

　　下一步是将包罗万象的图书馆延伸到一对一营销（或者任何类型的即时内容优化工具）。

　　创业家埃里森最近前往中国进行了考察，看是否有拓展国际业务的机会（也就是寻找成本低廉的生产工厂以及潜在市场）。她对中国的音乐与历史产生了很大的兴趣，她喜欢的两种乐器是笛子和琵琶：笛子是竹子做成的简单长笛，有 8 个孔；琵琶则是精致的四弦乐器。虽然外观不一样，但两者都有天籁般的音质。一支笛子只有一个音调，因此要有多支不同的笛子才能演奏乐曲。学吹笛子很简单，也方便携带，可以走到哪里带到哪里！而琵琶可以演奏非常复杂的乐曲，但缺点是需要花很多时间才能学会，而且琵琶比较贵，也不方便携带。因此当埃里森知道很早以前黄帝为了让音乐大众化而决定统一音调时用的就是笛子，她一点也不惊讶。毕竟，简约就是美！

　　这个典故令埃里森深受启发。她深深地痴迷于新的产品概念。这些新概念看起来对她的事业非常有帮助，但问题是，她需要以完全不同的新细分市场为销售对象，而她完全不了解这些消费者。埃里森不知道该用哪一种 RDE：应该利用材料多同时消耗许多资源和力气的典型深度研究，还是应该降低要求，使用简单、快速、功能少但便于自己动手的版本（也就埃里森之前使用的 RDE 版本）？

　　埃里森的问题在于，她对新顾客以及新市场一无所知。她既没有充裕的时间，也没有足够的资金进行调查，不过她倒是很清楚在行动之前先了解顾客的重要性。

　　要解决埃里森的难题，方法很简单。以黄帝的故事为例，简约就是美。于是埃里森决定使用现成的消费者心理资料库，类似本章提到的一系列资料库。探索完全陌生的领域是一项艰巨的任务，毕竟埃里森的时间不多，而且消费者的心理不尽相同，她根本不知道该从何处下手。还好，在翻阅了个别的相关研究后，埃里森节省了不少的时间与金钱。就像我们从购物研究中获益匪浅一样，埃里森也从资料库中学到了不少东西。毫无疑问，埃里森以其务实积极的个性充分利用资料库，并从这个营销人员的宝库中得到了许多宝贵的知识。

现在她已经谙熟了新市场的消费者心理。如果愿意的话，她可以轻易地进行简单的后续 RDE 研究，借此进一步改进她的构想。最重要的一点是，埃里森不需要从头开始。假如我们看到她利用现成的资料库成功地拓展了事业，也不会感到惊讶。埃里森一定会成功，因为她已经知道了快速有效地了解消费者心理的秘诀。

注释

［1］一系列由味好美公司赞助，莫斯科维茨·雅各布斯公司及理解和洞察集团（The Understanding and Insight Group, LLC）执行的 RDE 研究。

［2］ "Americans Crave Meats and Sweets: McCormick Sponsored Ground-Breaking Study Reveals the Nation's Food Cravings," McCormick & company, Inc., press release (Hunt Valley, MD, 2001); "McCormick & Company, Inc., Releases More Findings from Sponsored Crave It! Study," McCormick & Company, Inc., press release (Hunt Valley, MD, January 2002).

［3］ For more information, read Howard R. Moskowitz, Alex Gofman, Jacqueline Beckley, and Hollis Ashman, "Founding a New Science: Mind Genomics," *Journal of Sensory Studies* 21 (3): 266 - 307.

［4］ "Brainstorming Works Best If People Scramble for Ideas on Their Own," *Wall Street Journal*, 13 June 2006.

［5］ R. G. Cooper, *Winning at New Products: Accelerating the Process from Idea to Launch.*, 3rd ed. (Cambridge, MA: Perseus Books, 2001).

［6］莫斯科维茨于 20 世纪 90 年代中期出版的著作《消费者对于个人护理产品的测试和评估》（*Consumer Testing and Evaluation of Personal Care Products*）(New York, Marcel Dekker, page 430, in the section "Creating a truly new product or new category")曾经提到这个正式将不同领域中的个别概念重组配对的做法。当时 RDE 的程序还没有像现在这么简便。而今时机已经成熟，RDE 已发展成容易执行的正式系统。参见本书第 6 章。

［7］ J. Beckley, H. R. Moskowitz, "Databasing the Consumer Mind: The Crave It!, Drink It!, Buy It!, and Healthy You! Databases." In Proceedings of Annual Meeting of Institute of Food Technologists, Anaheim, CA, 2002.

［8］H. Ashman, S. Rabino, D. Minkus-McKenna, and H. R. Moskowitz, "The Shopper's Mind: What Communications Are Needed to Create a 'Destination Shopping' Experience? In *Proceedings of the ESOMAR Conference*, "Retailing/Category Management: Linking Consumer Insights to In-Store Implementation." Dublin, Ireland, 2.

［9］For example , www. marketresearch. com, an aggregator of global business intelligence.

［10］W. R. Klecka, "Discriminant Analysis", In *Quantitative Applications in the Social Sciences Series* (19) (1980): 7 - 19; Howard R. Moskowitz, Sebastiano Porretta, and Matthias Silcher, "Concept Research," In *food Product Design and Development* (Ames, IO: Blackwell Publishing, 2005).

［11］Robert Gordman and Armin Brott, *The Must-Have Customer: 7 Steps to Winning the Customer You Haven't Got* (New York: Truman Talley Books, 2006).

［12］这是相对于比较有深度的独立研究项目而言的。大型研究还必须经过资料库分析的阶段，也比较适合大规模的目标。

第9章 把总统和公共传播变成"商品"

　　许多政治顾问都赞同，养狗是成为未来总统的必要条件。美国人特别喜爱第一家庭的狗，"第一狗"受欢迎的程度有时候超过其主人。从华盛顿的猎狐犬到小布什的巴尼（Barney），狗就像棒球一样具有传统代表性。历任美国总统当中，22位都养狗，而且这些狗大多数都住过白宫。有些第一家庭的狗甚至还有职业：老布什的史宾格犬"米莉"（Millie）是一本书的作者[1]；林登·约翰逊的米格鲁小猎犬他和她（Him and Her）曾经当过《生活》杂志的模特；沃伦·哈定的艾尔谷梗犬"小伙子"（Laddie Boy）则负责坐在专属的手雕木制椅上监督总统会议。[2]

　　狗与总统的简短历史令我们想到一个比艺术设计更具神秘色彩的领域——社会与政治生活。主导社会与政治的是一群位高权重的政治精英，他们为了塑造新的公众形象，会巧妙而不着痕迹地避免落人口实的错误，例如避免为自己的爱犬取个招致"政治非议"的名字之类的问题。RDE在缺乏逻辑的政治世界里又扮演了什么角色？到目前为止，我们谈的都是如何利用RDE来获取利润，不论是通过产品开发、广告信息还是创新。我们的准参议员和未来的总统是否和食品、电器或其他商品一样，也可以采用同样的系统化方式予以包装或塑造呢？

更进一步来说，广义的社会和政治议题也可以吗？RDE 能不能（更重要的是"应不应该"）在公共政策的领域占有一席之地？在我们所知的少数案例中，自适应实验曾被用来改善公共政策。[3]政治科学和其他领域的不同，甚至从用语就可看出端倪。例如谈到"细分市场"时，政治科学家使用的词汇是"偏好构建"或"单峰定理"。[4]有原则且具理想性的 RDE 能否跻身于政治领域，例如创立一种"处方式公共政策"的新科学？

公众人物若要当选，必须能够说服选民接受他的表现或者形象；该对大众说些什么以及如何传达合适的信息是非常重要的。基本上，公众人物面对的挑战就像营销人员在推销信用卡、珠宝（产品信息建构）或电子杂志（产品信息解构）时面对的挑战一样，只不过着眼点不是利润，而是公共政策。聪明的候选人必须视选区与场合调整其宣传信息，而这不就是 RDE 的拿手项目——细分市场吗？

现在，我们暂时把公众事务放在一边，回到熟悉的企业领域。试想某企业的公关经理正在草拟一份不受人欢迎的负面消息；他能否以稳定人心的方式将企业即将推行某项重大改革的消息传达给员工？同样的道理，RDE 能否成为政府官员的科学辅助工具，使得民众就算不像"波莉安娜"（Pollyanna）那样天生积极乐观，也可感受到政府公告的正面意义？

接下来，我们就来看 RDE 与民众心声结合的两个例子。第一个例子将总统当做消费性商品来看待；第二个例子则是政府在高度动荡不安的时期，特别是面对恐怖分子的威胁时对民众进行宣传。即使在上述两种情况下，有系统的 RDE 仍有用武之地，能够提供令人满意的方案。

总统也是一种商品

假如将总统候选人比喻为食品，会是哪种食品？哪一类型的消费者会把他放入购物篮？

"总统也是一种商品"这样的标题或许容易招致政治非议，尤其以2004年美国总统大选来说。但事实上，这个标题取自《纽约时报》知名专栏作家约翰·狄尔尼（John Tierney）的一篇文章。狄尔尼在文中提到将 RDE 运用于政治实验[5]，并把这项政治研究称为"莫斯科维茨博士的超级市场"，旨在强调商品优化与政治信息之间惊人的相似度。我们引用的原文本来指的是小布什，不过无论政治立场如何，RDE 的方法都适用。

选民通常不会把候选人看做消费性商品。民主教育灌输给我们的是身为公民应有的尊严与责任；从小我们就接受教导，选举投票是公民的基本权利。不过，现实终究是现实。我们发现，就某种程度而言，候选人若要当选，了解选民的需求和他们表达意愿的方式以及选举运作的方式是非常重要的。如此一来，政治和商品或服务就变得非常相似了。

那么，将总统或其他政府官员当成消费性商品又是怎么回事？仔细想一想，其实一点也不离谱。媒体常将总统当成商品推销，这一点毫无疑问。现今的总统候选人会举办焦点小组座谈会来试图了解公众意见，这是其他所有精明的营销人员都会做的事。只不过，候选人要的不是销售量，而是选票数量。美国总统和人们四年买一次的高单价产品的确有其相似性，只是迫切程度不同而已。

接下来，我们将利用 RDE 设计候选人应该传达给民众的政见，也就是适合"总统"这个商品的广告信息。事实上，假如我们将候选人当做商品来看，选举就变得容易多了——统览大环境，列举值得注意的议题，利用 RDE 找出影响大众选票的关键议题，然后将这些新发现告诉候选人。有何不可呢？何不从小范围入手，比如由社区开始？如果能借助网络，将更加多快好省，甚至更为有趣。

根据笔者在 2000 年左右也就是 RDE 刚和网络结合时所作的研究，RDE 在政治上的应用跟在商业上的应用其实相差无几。[6]为了详细说明，我们就以 2004 年的总统大选为例，研究约翰·克里（John Kerry）和小布什竞选活动及关注的信息：他们传达了什么信息？更关键的问题是，RDE 能否明确地告诉我们两位总统候选人应该强调哪些政见，以及在整个选战当中他们是否完全覆盖了民众最关心的议题？

我们先来解构克里在竞选初期的政见内容。图 9—1 为克里演讲的内容片段。解构大量的政见并不特别困难，只是要有耐心罢了：收集演讲内容，整理出主题，然后引用简短的谈话内容。这个时候，内容分析很有用，只不过要注意尽量保留候选人说话时的措辞及语调特点。

克里先生的竞选网站为我们提供了输入的信息。

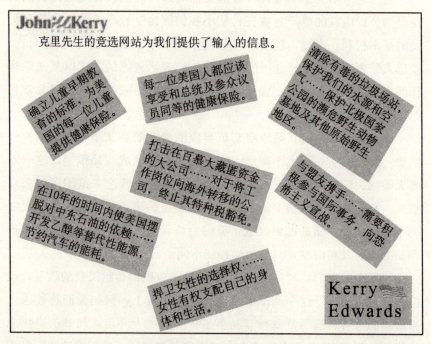

图 9—1　RDE 收录的总统候选人克里的谈话内容片段（已经过删减）

克里的政见内容分为四个类型，每个类型各有 9 个要素，依序产生 36 种代表性的要素组合。如同前面几章提到的，实验设计会自动将这些要素整合成 60 个不同的组合，然后呈现在被测试者面前，每个类型的要素最多只有 1 个会出现在测试概念（组合）中，有时则完全没有。

注：由于这个案例纯属实验性质，因此所有被测试者都是从调研者提供的被测试者名单中随机抽调出来的，只有年满 21 岁的美国居民才可以参与测试。当然，为了确保结果具有实际效用，选择被测试者的方式必须和传统政治意见调查的做法一样，取自有代表性的样本。以下数据仅供"概念证明"之用。

每位被测试者评估的 60 个概念组合都不尽相同（参见图 9—2 的例子），因此虽然所有测试内容都由 36 种要素组合而成，但所有被测试者当中没有人评估的内容是完全一样的。到目前为止，总统大选项目实验的程序与做法和前面章节提到的个案没有什么不同。

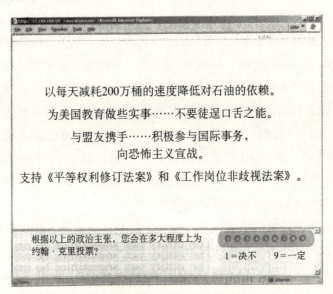

图 9—2 克里阵营竞选政见内容的测试概念范例

注：其中包括 4 个要素，每个类型 1 个要素。

想要赢得美国总统竞选，克里应该强调哪些论点

RDE 应用在政治选举上的目的在于方便候选人中途修正方向。现今的候选人身处复杂的局势，至于哪些议题重要，会随着谈话的对象而改变，也会随着瞬息万变的世事而不同。因此，RDE 能够帮助候选人选择当下最重要的议题，自然有其道理。

在 2004 年的总统大选之前，我们固定在每个月的第三个星期三进行相同的 RDE 研究，长达 8 个月之久。以规律的方式进行 RDE 研究相当简单，只需要将电脑设定妥当，每个月按时启动研究、邀请新的被测试者参加即可。

检验测试概念的个别效用值（影响力）之后，我们知道克里当初应该如何说才会赢。参与测试的民众并不知道要素经过了系统性的组合，也不晓得这些确实是克里说过的话。我们将短文呈现在被测试者面前，然后询问被测试者根据他们看到的短文内容，他们是否会投票给克里。

我们通过回归分析，将 RDE 当中的 36 篇测试短文和"我会投给克里"的意愿连接起来。如果被测试者给予的评分为 7～9，我们可以说被测试者根据该文决定投票给克里的意愿非常高；如果被测试者的评分介于 1～6 之间，表示他们根据该文投票给克里的意愿不是很低就是模棱两可。使用 RDE 的好处之一是，被测试者的评价并非只有"投"或"不投"两种选择，而是能够给予高低不同的分数；被测试者可以根据短文的内容决定投票的意愿。

回归分析能够告诉我们加常数（也就是在克里什么也没说的情形下，每百人当中有多少人会投给他），以及根据克里的言论内容，每一百人中有多少人愿意投票给他。倘若候选人说错了话，效用值可能是负数。也就是说，RDE 可以告诉我们选民的心理，以及候选人的言论的确有改变民意的巨大影响力。虽然这里谈的是总统大选，但基本道理和电子杂志并没有太大不同。我们研究的仍是消费者心理。只不过

在这个例案中，消费者正好是选民，而总统成了商品。

现在来看 2004 年 3—10 月间被测试者每个月对候选人的基本兴趣（加常数）状态。两位候选人的数据如图 9—3 所示。

3 月时，克里的基本值是 54，也就是说 544 位被测试者当中即使克里什么也不说，仍有 54％的人愿意投票给克里；到了 2004 年 9 月和 10 月，我们发现新的被测试者（每个月参与测试的选民都不同）对克里的支持度提高了。事实上，从 RDE 的研究中可以看出选民对自己支持的候选人越来越忠诚的现象。

接下来看看小布什的数据。使用同样的方法，我们也测试了小布什的言论，类型相同，要素也是 36 个。当被测试者收到邀请函时，他们可以选择要参加有关小布什的研究还是克里的研究。小布什的数据没有克里那么一致，民众对小布什的支持度时好时坏，对于是否要投票给他似乎一直摇摆不定。[7]

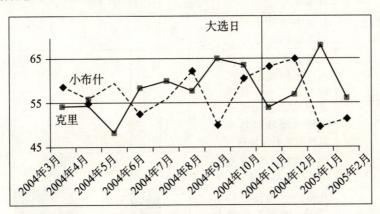

图 9—3　参与测试的选民对克里和布什支持度的变化

RDE 可以告诉我们的应该不只是选民对候选人的支持度，否则就不需要如此煞费周章地进行研究了，只要直接问选民"你会投谁的票"就好了。RDE 应该用来研究真正有难度的问题：候选人究竟应该说些什么？根据研究所得的效用值（或影响值），我们得到了答案。别忘了，大选前的每个月我们都会进行同样的调查研究并分析结果。

在 2004 年大选前的 8 个月里，我们针对 36 个要素中的每一个进行了分析，因此得到极其丰富的数据（参见表9—1）。

表9—1　2004年大选前，被测试者对克里政见的评价

		3月	4月	5月	6月	7月	8月	9月	10月
	基本测试人数	**544**	**248**	**175**	**150**	**241**	**107**	**75**	**366**
主题	固定常数	54	56	48	58	60	58	65	64
经济/工作	找回现任总统任期内失去的300万个工作机会	4	4	4	9	3	—2	0	5
健康保险	为所有美国人恢复医疗保障并提供行之有效的处方药物	6	10	7	3	7	3	5	5
健康保险	每一位美国人都应该有权享有和总统及参众议员同等的健康保险	8	8	11	5	8	8	1	5
健康保险	让所有美国人都负担得起健康保险	7	8	8	6	9	4	7	4
环保	清除有毒的垃圾场站，保护我们的水源和空气……保护北极国家公园的濒危野生动物基地及其他原始野生地区	2	—2	6	0	1	1	1	4
妇女	捍卫妇女的权利……公平与尊严	—1	—1	1	4	—1	—8	—1	2
外交政策/伊拉克	获得北大西洋公约组织、国际军队及联合国的协助，共同创造稳定民主的伊拉克	—1	0	—5	0	—1	—5	—8	—2
少数民族/平权	支持《平等权利修订法案》和《工作岗位非歧视法案》	1	—5	—4	0	—1	—6	—3	—3

续前表

		3月	4月	5月	6月	7月	8月	9月	10月
	基本测试人数	**544**	**248**	**175**	**150**	**241**	**107**	**75**	**366**
主题	固定常数	54	56	48	58	60	58	65	64
妇女/商业	增加妇女拥有的企业……消除阻碍杰出女性升职的"玻璃天花板"	−2	−6	−4	−4	−1	−1	−5	−3
恐怖主义/伊拉克	在伊拉克赢得和平……对反恐战争具有深远的影响	−2	−4	−3	−6	−4	−6	−3	−3
健康保险/艾滋病	增加资金帮助艾滋病患者	−5	−4	0	−6	−7	−6	−3	−4
健康保险/艾滋病	防止艾滋病在家庭中传染……增加研究基金,赞助艾滋病疫苗的研究		−1	−2	−5	−5	−6	−7	−4
妇女/堕胎	捍卫女性的选择权……女性有权支配自己的身体和生活	−2	−3	−1	−1	−5	−11	−3	−5
教育	硬性规定资助学校……没有例外	−2	−6	−3	−8	−4	−12	−1	−5

注:浅灰色代表效用大的政见,斜体代表效用小的政见,其余则介于中间。

🔘 克里的竞选政见重点放在了健康保险方面,例如"每一位美国人都应该有权享有和总统及参众议员同等的健康保险",这个要素始终得到相当高的评价(介于+8和+11之间)。从表9—1可以看到,有三个关于健康保险的论点都获得了高分。克里的智囊团不妨参考RDE的调查结果,提出更强有力的竞选主张。毫无疑问,健康保险占有重要的地位,可以增加10%以上的选票;克里着实应该继续将重心放在这个议题上。

🔘 对于克里的薄弱环节,人们的反应有很大的差距。即使是健康保险也可能成为弱点,尤其是跟艾滋病扯上关系时。从克里较弱的政见中我们可以看出来,被测试者在意的是自身的福利,而不是遥不可及的社会问题。只有在自己可以从中受惠时，克里的支持者才会对他说的话感兴趣。选民可不是博爱的慈善家。

使用 RDE 的优点是，选民在回答问题时不必像做民意调查或参加焦点小组座谈会那样保持正确的政治立场。RDE 研究中的被测试者无法明确知道他们评价的究竟是哪个要素，因为每篇短文都由多个不同要素组合而成。RDE 电脑化的面谈软件会在短时间内给被测试者很多问题，让被测试者不得不凭直觉快速回答。RDE 利用资料分析找出线索，因而知道选民关心的议题究竟是哪些。完整的图案是由零碎的数据拼凑出来的。

RDE 可以发现个别被测试者的偏好，进而了解选民的心理。知道了这一点，我们就可以找出选民不同的心态。如果总统是商品，那么到目前为止，RDE 已告诉我们消费者喜爱这个商品的种种理由，而这些理由可以分别对应到不同的"细分市场"。

我们发现，假如提出适当的竞选言论，有三种选民会倾向把选票投给小布什。第一类称为自我中心者，主要是希望政府减税；第二类是寻求安全感的选民，关心的是免于恐怖主义的威胁；第三类是追求较高生活品质的人，他们喜欢听到候选人承诺美化城市、创造就业机会以及减少对外国石油的依赖。"细分市场"的好处是，候选人可以针对不同"细分市场"设计能够打动选民的竞选诉求。换句话说，使用真实言论样本的 RDE 可以知道候选人该说什么——不但为他们提供资讯，还可建议该使用哪些文句。

不过，仍有几项议题比较棘手，甚至对小布什的支持者来说也是如此：

🔘 承诺不从伊拉克撤军可以吸引寻求安全感的选民，却会招来其他两类选民的反感。

🔘 环保政见可以赢得追求较高生活品质的选民的支持，却会导致其他两组人倾向于不把票投给小布什。

🔘 自我中心者不喜欢听到健康保险的议题，但其他两组却很感兴趣。

🔘 大致来说，三种选民的意见相同之处比相异之处要多。小布什的支持者大多是中产阶级，这群努力往上爬的人对赚钱和人身安全最感兴趣。在小布什的支持者当中，意见呈现两极化的议题并不多（和克里的支持者形成反差）。小布什让我们想起了比萨：一样的主题，多种的变化！喜欢吃某种比萨的人，通常也喜欢其他种类的比萨，除非他们不喜欢上面的佐料。

借用狄尔尼的比喻来说，接下来为了在超市中找到克里的踪迹，我们先将比萨留在冷冻食物区。分析克里的支持者后，我们发现他们和泡菜消费者口味两极化的情形很类似。

 有些人喜欢刺激的酸蒜味泡菜，有的人偏好味道清淡、口感较脆的泡菜。提供中庸之道的泡菜不可能取悦每一个人。一旦消费者有不同的口味偏好，就不能用一加一除以二的方式来设计产品。

 克里的整体支持度跟小布什旗鼓相当，但倾向支持民主党的民众却有三种截然不同的类型，可以说是克里版的"政治泡菜"细分市场。

 第一种是寻求改革的选民，他们关注的重点是教育改革与新能源政策。

 第二种是理想主义者，他们关心的议题是消除对妇女与少数民族的歧视、改善健康保险、维护妇女堕胎的权利，以及保障员工的权益。

 第三种选民不喜欢太多的承诺，他们对克里本来就很忠诚，不需要更多的竞选诉求来赢得他们的支持。事实上，太多承诺反而会把这类选民吓跑，因为他们并不喜欢某些政见，例如保障妇女堕胎的权利、反歧视以及教育改革等。对议题反感的选民，与其说他们支持克里，倒不如说是反对小布什。克里对其他两组选民的承诺越多，引起对议题反感的选民不满的可能性就越大。对克里而言，要找到一个能够满足三类选民的完整竞选策略是一项艰难的挑战。

总而言之，不管是哪位候选人，要留住支持者原本就不是件容易的事情。"布什必须让一群狗往相同的方向跑，克里必须驾驭一群各怀鬼胎的猫。"[8]而这些人关注着不同的政治议题。[9]

社会焦点资料库：
大众心理

公共领域对新科技并不是很热衷；虽然社会科学与生态研究及管理领域偶尔也有大规模的长期实验，但部分实验的进展却极为缓慢，甚至可能历时数年。[10]

因此，几年前我们决定尝试将 RDE 应用在公共政策方面以了解民众心声时，心情可以说是既兴奋又紧张，直觉告诉我们这将是个崭新的发现，可能是知识加工程的新科学——姑且将它称为"处方式公众意见"。接下来就来看看我们进展到了什么程度。

2000 年伊始，我们原本希望这是一个极好的兆头，可是从 2001—2006 年为止，令美国人焦虑恐慌的事件接连不断，现在连欧洲人、澳洲人、拉丁美洲人……几乎世界上所有的人都在劫难逃了。这几年，我们面临的挑战包括战争、健康、生态及经济等。令人担心的事件此起彼伏，人们甚至都感到麻木了：两场战争的爆发（阿富汗、伊拉克）以及战争在世界各地引起的后遗症、蔓延全球的恐怖主义、影响全球消费者（尤其是亚洲）健康的非典型性肺炎（SARS），以及禽流感、朝鲜的原子弹、伊朗的核威慑、自杀式炸弹攻击，凡此种种，已经蔓延到了世界的各个角落……不止如此，还有全球变暖、灾难性的飓风、极圈冰山融化……经济方面也无从幸免。华尔街与大企业的丑闻不断，例如退休金被盗用、期货惨遭破坏、民众对政府的企业规范普遍失去信心、美国政府的巨额赤字、企业裁员以及越来越多白领和蓝领工作外包到劳动力成本低廉的国家……这些现象宣示着新经济时代的到来，而新经济和亚当·斯密的理论并不全然吻合。这些事虽然引起了人们的不安与恐慌，却正好是 RDE 研究的材料。

人们面对威胁、危险、不稳定的状况或重要的场合时，感到焦虑属于正常的反应。对某些人来说，正常的焦虑具有激励作用，有助于激发动力和效率。有的人在压力之下表现得特别出色，因为焦虑能使他们集中精神，超常完成任务。不过，病理上的焦虑就不是这么回事了。焦虑症是长期的局促不安，通常会严重到妨碍日常生活和作息。一个人能否应付生活上的变化，这和面对的压力大小有关。

心理压力的代价很高。根据美国压力研究院（The American Institute of Stress）的报告，工作压力造成的生产力流失让美国企业每年付出 3 000 亿美元的成本，其中包括员工旷工、意外事故、员工辞职、医疗、法律与保险费用，以及员工津贴。其他国家也相差无几：由于压力问题，加拿大每年的损失高达 160 亿加元，英国每年损失 73 亿英镑。[11]

要减少压力造成的损失或解决相关的问题（至少加以控制），就必须先从了解民众的心理入手。在商业界有效的 RDE 是否也能应用在这一方面？答案是肯定的，只要研究者遵循 RDE 的方法，用短文来描述导致焦虑的情境即可。接下来我们就来看 RDE 如何应用在社会政策的传播上。

RDE + 恐怖主义 = 社会政策与传播的资料库

相信读者还记得第 8 章"心理基因学：'货架上的'消费者心理"中提到的消费者心理资料库，这次我们要将资料库的应用延伸到社会政策中去。在第 8 章中，资料库储存的是不同的购物资料，每一个案例都用 RDE 的方法进行研究。30 种产品的实验设计（每一个实验包括一种产品，例如凉鞋、轮胎、蜡烛等）刻意保持相同的结构，以便比较不同产品之间的相同要素。现在，我们要利用相同的策略来建立资料库。试想，将 RDE 的思维模式应用于社会政策以及导致焦虑的情境中会是怎样的情况？

用 RDE 处理像焦虑这种敏感性的问题时，使用措辞得宜的问句显得特别重要。例如，我们用过这样一句话："就此所描述的情况而言，您的应对能力如何？（1＝能力非常强……9＝完全没有能力）"我们花费了很多精力思考如何遣词用句。根据我们进行 RDE 的经验，假如问题是"看到这种情况时，您感到焦虑的程度如何？"，愿意参加研究的人可能不多；要针对"焦虑"评分，可能会吓跑参与者。但将重点改成"应对"之后，情况就不一样了，顺利完成问卷的被测试者增加了许多。

有些短文会增加人们的焦虑感（效用值高，代表没有应对能力），有些短文会减少焦虑感或增加应对能力（效用值低，代表能够轻易应对）。我们提出问题的方式有助于被测试者专心回答，不至于引起焦虑。

请参见表9—2的实际结果。衡量基本焦虑程度的加常数偏低（19左右），也就是只有19％的被测试者（或者每5人中有1人）表示他们无法面对非特定的恐怖攻击。一般人害怕的根源不外乎以下的事件：汽车炸弹、脏弹*、建筑物爆炸等。政府很难彻底消除这些焦虑感。根据我们的研究，效用值为负数的要素非常少，也就是说，几乎没有办法降低焦虑感或提高应对能力。[12]当然，宗教信仰、及时从媒体获得资讯以及和亲朋好友保持联络都有助于减少焦虑，提升应对能力。然而，令人惊讶的是，这些因素对于面对恐怖的威胁只有极小的帮助。根据RDE的研究结果，政府单纯安抚人心的做法并不奏效。

表9—2 以恐怖主义为主题的情境

"引起焦虑"的情境	效用值	"减少焦虑"的情境	效用值
基本测试人数 121			
加常数（无论如何都会焦虑或无法面对） 19			
全体被测试者			
你的汽车底下有颗炸弹	21	你相信上帝会保佑平安	—3
含有核物质的脏弹引爆	20	媒体适时向大众传达消息是很重要的	—5
建筑物中有炸弹爆炸	15	你需要与亲友保持联络，确定他们安然无恙	—6
细分市场一：传统型			
含有核物质的脏弹引爆	39	你需要与亲友保持联络，确定他们安然无恙	—1

* dirty bombs，引爆放射性物质，使杀伤力扩散。——译者注

第 9 章 RDE
把总统和公共传播变成"商品" 185

续前表

"引起焦虑"的情境	效用值	"减少焦虑"的情境	效用值
你的汽车底下有颗炸弹	38	媒体适时向大众传达消息是很重要的	−2
建筑物中有炸弹爆炸	31	你相信政府的本土防御措施会保障你的安全	−3
致命的疾病开始流行，例如天花、炭疽热	28		
细分市场二：隔离型			
你认为联合国部队会保障你的安全	34	亲友对你而言非常重要	−5
你相信联合国的国际合作可以保障你的安全	33	媒体适时向大众传达消息是很重要的	−7
你相信政府的本土防御措施会保障你的安全	20	不管多远，你都愿意开车去避难	−7
你相信疾病控制中心会保障你的安全	18	你相信上帝会保佑平安	−10
你认为当地警察会保障你的安全	14	你需要与亲友保持联络，确定他们安然无恙	−11

注：左栏为"引起焦虑"的情境，右栏则是"减少焦虑"的情境。

一旦依照人们感到焦虑的模式来细分，我们就会发现有两组完全不同的类型（人数差不多）。第一种类型在我们的意料之中，这组人对典型的恐怖威胁感到非常害怕。我们称这个类型为传统型。

第二组则完全出乎意料。根据 RDE 的结果，这个类型（细分市场二）对于外部组织帮忙应对恐怖威胁的消息极为害怕。政府认为有助于降低民众焦虑的做法（例如，"你相信政府的本土防御措施会保障你的安全"）事实上反而会引起这群人的担忧。这个细分市场的反应相当激烈，他们表示无法应对类似的信息，因此政府必须避免向他们传达诸如此类的消息。对这些人而言，信仰、朋友、家人的安慰之类的功能比较强大。我们称这个细分市场为隔离型。

当然，恐怖主义不是个简单的问题。RDE 发现，有关公共政策与焦虑情境的研究都可以看出不同细分市场（或心态）的存在。更重要的是，RDE 发现了人类心理的一些秘密，它告诉我们哪些人对某种类型的威胁有特别的反应，在什么情形下不沟通反而比较好，以及可以计算某种信息引起焦虑的几率。

细分市场一（传统型）害怕典型的恐怖攻击，而且不管怎么说都几乎没有办法降低他们的焦虑，政府能做的只有不断地安抚。

细分市场二（隔离型）对政府稳定民心的做法和言论反应相当激烈。和传统型相比，信仰、家庭与朋友对他们更有安慰作用。面对这类人时，政府最好的做法是尽量保持低调，强调家庭、内在力量或历史价值对隔离型的人或许比较奏效。

处方式公共政策与民众的焦虑指数

我们对生活中各式各样的指数相当习以为常，比如通货膨胀率、利率、道琼斯工业指数等。人性本来就喜欢价值指标，"我做得如何"是大家常问的一句话，从前任纽约市长艾德·科克（Ed Koch）到希望倾听顾客心声的企业，乃至想知道自己在学校表现如何的学童，都不例外。

大多数以民众为对象的兴趣指数是由政府、教育机构或私人机构发布的，这些指数均对他人开放。例如，密歇根消费者信心指数（Michigan Consumer Sentiment Index，MCSI）每个月由社会问题研究协会（Institute for Social Research，ISR）发表，并广为专业人士和私人投资者利用。他们可从指数中得知当时人们消费的心态，以此作为日常决策的参考。消费者信心指数背后有个非常简单且具说服力的概念：由专门的研究人员编撰完成，即可公开发表并被许多人利用。当然，这个策略非常有效。

是否有可能利用这个消费者对社会政策观感调查的资料库来创造一个指数？根据观点的不同，我们可以把它叫做焦虑指数（如果从负面观点来看），也可以称作慈善倾向指数（如果从正面观点来看）。前面提过，或许可以运用 RDE 的思维创立一门新兴的科学，称为处方式公共政策（prescriptive public policy，PPP）。以这个案例来说，社会研究机构、政府机构以及其他研究单位可以定期就不同社会政策领域的传播信息建立资料库，其中包括整体以及各个细分市场（又称为偏好结构）的要素与效用值。其他政府机构或私人机构可以订阅这个资料库，作为公益或运营之用。人们可以放心地使用资料库的信息，因为这些信息都是针对特定人士以及特定用途所设计的结果。不论你是正在草拟信件向员工解释为何关闭工厂的跨国企业的公关部门经理，还是财政部的撰稿员，都可以借助资料库更加深入地了解顾客的心理，例如：你会知道哪些信息比较容易被顾客了解甚至有助于降低他们的焦虑感。

从更广的视野来看，或许 RDE 与社会政策的应用可以延伸到教育层面，例如：如何向不同组别的学生解释不同的主题，哪些例子他们比较容易了解，哪些用词比较有效等等。或者，对非营利性事业的工作人员来说，什么是最有影响力的沟通方式？不管你称它为 RDE、心理基因学还是处方式公共政策，其实都无所谓，使用的人越多，这些资料库的订阅价格就越便宜、内容就越多，价值也就越大，对增进社会大众的福利也越有帮助。

埃里森的事业在忠心耿耿的经理人及员工的经营下日渐发展壮大，因此她多出了不少闲暇时间。以往，埃里森总是被动地捐款给慈善机构，现在她发现自己比较喜欢亲自参与社区活动和慈善活动，因此决定将自己对 RDE 的深厚了解应用在募捐活动上。出乎不少人的意料，活动效果非常好。在忠实顾客的鼓励之下，她考虑竞选政府公职。以埃里森天生的商业头脑、毅力、恒心以及好人缘来看，她一定有机会。埃里森只要知道如何对人说话就可以了。本书刚开始时，埃里森不就面临同样的问题吗？只是情况和领域不同而已。

埃里森已经准备好面对挑战，而且正在组织她的政见纲领，最后她会再按照 RDE 针对民意调查的结果来修正。

下一步是利用美术设计 RDE 的软件来制作海报，以及提供极具说服力的募款文宣。埃里森以前创业时就这么干的，而且颇为成功，因此这次也一定没有问题！埃里森的支持者对即将到来的选举非常乐观，他们知道，只要埃里森的竞选政见得当，选民一定会支持她。埃里森对于如何改善选民的生活拥有很好的想法，而且她也有执行的魄力与精力。埃里森的支持者很清楚，她并不是虚有其表。埃里森只要运用

她所知道的知识与工具就可以了。现在她已根据人口统计资料和细分
市场对竞选政见作了最后的修正，并且依据不同选民分门别类地提出
了不同的信息。

　　RDE 可以发现个别被测试者的偏好，进而了解选民的心理。知道
了这一点，我们就可以找出选民不同的心态。如果总统是商品，那么
到目前为止，RDE 已告诉我们消费者喜爱这个产品的种种理由，而这
些理由可以分别对应到不同的细分市场上。

注释

　　[1] Millie Bush, *Millie's Book: As Dictated to Barbara Bush* (New York: William Morrow & Co. , August 1990).

　　[2] American Kennel Club press release, 2 August 2004.

　　[3] For example, see J. S. Fishkin, *The Voice of the People : Public Opinion and Democracy* (New Haven , CT: Yale University Press, 1997).

　　[4] Operationally, the proportion of individuals whose preferences are aligned along the same shared dimension. See Cynthia Farrar, James S. Fishkin, Donald P. Green, Christian List, Robert C. Luskin, and Elizabeth Levy Paluck, "Experimenting with Deliberative Democracy: Effects on Policy Preferences and Social Choice," *In Proceedings of ECPR Conference*, Marbury, Germany, 18 - 21 September 2003.

　　[5] 约翰·狄尔尼:《铅制实验气球?》, 载《纽约时报》, 2004 年 5 月 30 日。根据维基百科记载，狄尔尼自 1990 年起就为《纽约时报》工作，他以保守的观点撰写文章，并自称自由主义者。狄尔尼曾撰文批评反毒战争、美国国铁以及强制垃圾分类。他所写的《分类是垃圾》恐怕打破了《纽约时报》有史以来收到最多抗议信件的纪录。来源: http: //en. wikipedia. org/wiki/John _ Tierney _ (journalist)。

　　[6] Howard Moskowitz, Alex Gofman, Prasad Tungaturthy, Madhu Manchaiah, and Dorit Cohen, "Research, Politics, and the Web Can Mix. Considerations, Experiences, Trials, Tribulations in Adapting Conjoint Measurement to Optimizing a Political Platform as If It Were a Consumer Product," In *Marketing Research in a. com Environment*, Ed. Richard Brookes (Amsterdam: ESOMAR, 2000): 223 - 243.

　　[7] 这再度证明没有任何民意调查、政治权威或专家可以完全预测选举结果。

本章的 RDE 案例目的不在检视选民的偏好，而是要找出适用于候选人的竞选言论。

[8] 同前述约翰·狄尔尼：《铅制实验气球?》。

[9] 据作者了解，本章所述的结果并没有被任何一位候选人采用。

[10] K. N. Lee, "Appraising Adaptive Management," *Conservation Ecology* 3 (2) (1999)：3.

[11] Ravi Tangri, *StressCosts: Stress Cures* (Halifax, Nova Scotia, Canada: Chrysalis, 2003); and Marianne McGee Kolbasuk, Diane Rezendes Khirallah, and Michelle Lodge. "IT Lifestyles Backlash." *InformationWeek* (25 September 2000)：p. 58.

[12] 这也需要使用更广泛的信息进行进一步的研究。

SELLING
BLUE
ELEPHANTS
RDE

第10章 RDE 推翻了墨菲定律、
颠覆了股票市场

　　根据美国加州爱德华空军基地的历史资料显示，空军上尉爱德
华·墨菲（Edward A. Murphy）当年在空军基地担任工程师，曾经参
与过 MX981 专案，研究坠机时在突然减速的状况下，飞行员可以承受
多大的冲击。爱德华空军基地自 1949 年开始进行这项研究，墨菲为以
火箭为动力的雪橇制造了一个固定器，按照设计，这个雪橇的速度比
子弹还快。但实验失败了，坐在雪橇上的约翰·保罗·史戴普博士
（John Paul Stapp）暂时失明。墨菲后来发现，失败的原因是转换器装
反了。他训斥了负责的技师并说："只要有任何出错的机会，他是永远
不会错过的。"

　　这句话被同事听到，开始一传十，十传百；没多久，墨菲定律
（Murphy's Law）就流行起来了。事件发生后不久，史戴普博士召开
记者招待会，表示火箭实验项目之后之所以有良好的安全纪录，都要
归功于同仁对墨菲定律坚信不疑，既而竭尽全力避免了墨菲定律成真。
飞机制造商挑出这句话，此后数个月将墨菲的名言广泛用在广告中，
不久这句话便出现在各大新闻和杂志。墨菲定律于是诞生了。[1]

　　就好像是在印证墨菲定律一样，2004 年由洛克希德·马丁公司

(Lockheed Martin) 为美国太空总署设计的太空探测器"创世纪号"(Genesis) 的降落伞失灵，结果坠落到地球表面。问题出在哪里？启动降落伞的开关装反了。[2]

自然界放之四海而皆准的定理不多，遗憾的是，墨菲定律就是其中之一。似乎没有一个领域能逃过墨菲定律预言的命运。以企业公关为例，你接下来会看到这一规律在 RDE 中的表现。危机无可避免，这似乎是普遍性的规律。从以下案例中，我们可以看到，由于企业组织无法适当地沟通，毫无准备的危机应急反应可能造成巨大的伤害。

1997 年奔驰汽车公司推出 A 级车系时，全球汽车界都翘首以待。结果却出现了一个严重的问题，一辆 A 级的汽车在瑞典的试车会上翻了车，为德国汽车制造商奔驰酿成了一场不小的危机。有人开始批评奔驰生产的车子不安全，于是这个新车系的声誉变得摇摇欲坠。一开始，奔驰没有准备好相应的公关口径，先是不知道该说些什么，然后又在不当的时机说错了话，结果只能让危机更加恶化。

幸而，奔驰公司最后改变了策略，应对方式从防卫式变得相对客观起来。如果奔驰公司一开始就采取公开、坦诚和积极主动的危机公关策略，或许可以省下不少金钱并避免尴尬。[3] 这件事给我们的教训是，随时都要准备好在适当的时机说合适的话。

凯瑟琳·费恩-班克斯 (Kathleen Fearn-Banks) 所著的《危机公关》[4] 常常被人的引用，她在书中一开篇就以墨菲定律来形容危机。许多企业和个人毕生以积极思考为目标，因为他们不希望负面思想带来负面的结果。费恩-班克斯写道："这完全是一派胡言！……人生的座右铭应该是'负面思考'。"根据她的说法，危机不但可能发生，而且一定会发生。危机发生时，人们情绪紧绷，时间过得非常快，要理性思考是很困难的。因此，危机管理很重要的一部分是在事件发生之前、之中以及之后，要始终坚持积极、明智且周全的危机公关策略（即企业或政府与外部大众的沟通）。

RDE 在危机公关中扮演的角色是什么？它能否降低危机对企业的冲击，甚至塑造比危机发生之前更正面的企业形象？RDE 可否在千钧一发之际扭转恶劣的败局，并且因此改善大众对企业的印象，甚至提高公司的股票价格？

到目前为止，RDE 分别破解了咖啡、意大利面酱、泡菜、电子杂志、电子产品和政治主张的密码，将这些产品改造得更符合顾客的口味。现在，我们要看到的是另一种改造工程——改造舆论（特别是危机时期的舆论），或许还可以利用所发现的原则来了解消费者对买卖股票的看法。这两个主题虽然看起来风马牛不相及，但事实上都和消费者的心理有关。我们要探究的第一个主题是关于能源危机的沟通，第二个主题是关于止痛药物的沟通及其对人们买卖制药公司股票的影响，这和第 9 章"把总统和公共传播变成'商品'"多少有些呼应，不过本章离公共意见与金融市场的"沟通改造"又更近了一步。

企业公关以及把握公众舆论

只要翻开报纸或杂志，你一定会看到讨论能源的文章。随机挑选某天的《纽约时报》，其中以能源为主题的文章就多达 15 篇。[5] 石油和天然气的价格时涨时跌，在价格起落之间不乏振振有词的"大师"做出的种种预测，包括经济就要崩盘或者社会大众面对能源短缺时，就像第二次世界大战中的英国一样勇往直前，不畏艰难，甚至发现了新的能源替代品，使得未来露出一线曙光。诸如此类的言辞是杂志读者闲暇时有趣的阅读资料，但这些读者同时也非常担心且紧张，甚至焦急地加入了评论。

现在就让我们进入能源公司、公关公司以及广告专家的世界。他们会对大众发布什么样的信息？当他们试图了解并塑造大众舆论时，会说些什么？如何说？他们说的永远是对的吗？面对超越自己控制范围的世界，当遇到棘手的状况必须发布新闻稿时，他们如何处理？他们的目的很简单，就是采用维护企业形象的适当信息来影响大众舆论。那么 RDE 能够帮上什么忙？

2001 年一二月，在"9·11 事件"还没有改变世界之前，能源危机已悄然浮出了水面。加州独特的能源结构、日益增加的需求、难以预测的能源短缺使得轮流限电成为不得已的手段，也暂时缓解了 2001年的加州能源供需问题。美国消费者在面对危机时，向来很在意能源的供给问题。大家对加州的能源问题相当关注，因为不久后自己也可能面临同样的危机。而相关机构则试图消除民众的恐慌，应对消费者信心低落的潜在危机。问题是，能源公司应该对消费者说些什么才不会让危机继续恶化？

2001 年时，网络已成为商品陈列的"橱窗"，也成为影响公众意见的媒介。越来越多人了解到，网站不仅是传达产品信息的媒介，显然也是公关工具。如果真是如此，我们自然要问：如何将网络当做其他传统媒体来运用？换句话说：如何将特定信息放在企业网站上以改善或修正大众对公共能源的负面观感？

以能源公司而言，网站上的信息范围相当广泛，从特定的产品资讯到能源供应的保证，应有尽有。

然而，能源公司的目的不只是挽回大众的信心，它们也想贩卖能源；也就是说，公司网站其实可以同时兼具促销与保证的功能。

接下来，我们就来看加州轮流限电时不同能源公司有什么说法。表 10—1 为各能源公司的名称及其网址，我们从这里取得了在解构公关与顾客关系方面 RDE 专案的原始材料。

表 10—1　能源公司网站：RDE 解构公关资讯的来源

卡罗来纳电力与照明公司	www.cplc.com
纽约爱迪生联合电力公司	www.coned.com
马萨诸塞电力公司	www.masselectric.com
纽约州电力与天然气公司	www.nyseg.com
奥仁居与洛克兰能源公司	www.oru.com
宾州电力与照明公司	www.pplweb.com
信心能源休斯敦照明与电力公司	www.hlp.com
圣迭戈天然气与电力公司	www.sdge.com
南康涅狄格天然气公司	www.soconngas.com
土桑电力公司	www.tucsonelectric.com

许多沟通信息其实并没有产生效果，能源产业也有同样情形。在危急时刻，真正对每个人都有效的沟通信息实属罕见。表10—2所列出的是适用于所有人的有效公关信息（分男性和女性），以及分别适用于三类不同心态客户的信息（这是对 1 000 位关心能源问题的消费者测试后的结果）。该表可以给企业和公关公司提供一些处理危机公关的指导：

📋 **表10—2 能源公司公布的信息当中，对整体被测试者、男性、女性和三个细分市场最有影响力的要素（只列出部分）**

要素	公关信息的来源	效用值
针对每一位被测试者的信息		
不论是通过电话、网络、电子邮件或亲自光顾……我们都竭诚为您服务	奥仁居与洛克兰能源公司	5
针对男性的信息		
不论是通过电话、网络、电子邮件或亲自光顾……我们都竭诚为您服务	奥仁居与洛克兰能源公司	6
针对女性的信息		
我们提供给您节省能源费用的方法	纽约爱迪生联合电力公司	8
针对细分市场一的信息：寻求"可靠性"		
我们为全球数百万顾客提供可靠的能源服务	宾州电力与照明公司	8
针对细分市场二的信息：自由选择，保持消息灵通，优化		
协助降低电费	纽约爱迪生联合电力公司	11
我们提供给您节省能源费用的方法	纽约爱迪生联合电力公司	11
减少空调费用支出，提高员工满意度	土桑电力公司	9
针对细分市场三的信息：协助弱势群体		
不论是通过电话、网络、电子邮件或亲自光顾……我们都竭诚为您服务	奥仁居与洛克兰能源公司	19
我们为年长者提供特殊优惠	纽约爱迪生联合电力公司	18
年满 62 岁以上的顾客享受特别服务	纽约爱迪生联合电力公司	17

续前表

要素	公关信息的来源	效用值
高水平的能源协助	南康涅狄格天然气公司	15
减少空调费用支出, 提高员工满意度	土桑电力公司	15
为视障人士标示天然气及电器用品	圣地亚哥天然气与电力公司	14

🌐 以每一位被测试者而言, 并没有哪个公关信息的表现特别好。表现还可以的信息主要是关于服务和降低费用的; 这类信息受到青睐并不出人意料, 毕竟大家都想少花一些钱。

🌐 对男性来说, 服务和金钱最重要; 对女性来说, 主要是金钱上的考虑。

🌐 这项公关调查的真正收获在于将 1 000 名消费者分成了三个不同的细分市场:

细分市场一的消费者喜欢可靠的服务。在不稳定的时期, 这类消费者想听的是强调可靠性的信息。

细分市场二的消费者喜欢掌控一切, 不错过任何信息, 而且喜欢能够在复杂的能源世界里找到最佳选择的感觉。

细分市场三的消费者喜欢选择对弱势群体和老人伸出援手的能源公司。这个细分市场对公关信息的反应特别敏感, 是值得影响的一个群体。

使用 RDE 预测并准备危机公关信息

危机往往在最令人意想不到的时候发生。防患于未然总是好的, 而 RDE 恰恰可以促使企业预先做好准备工作。假如公关公司只是凭空想象可能有效的说法, 与其说有可能成功, 倒不如说更可能失败。这样的构想没有深度, 只是就单一问题做出回应。这种做法有时奏效, 有时却没有效果。RDE 可以让公关做得更深更广, 而且通常能涵盖所有的顾客。

公关信息优化的关键在于在适当的时机对适当的人说适当的话。但什么才是适当的话? 根据我们在 2001 年加州能源危机时对各个能源公司所作的调查,并没有所谓整齐划一的"适当的话"。不过,只要公关公司解构各个能源公司的信息,同时注意突出能源公司亲善度和社会责任的要素,很快就会发现不同心态的细分市场(对谁说)以及哪些信息对个别市场特别有效(说什么)。

RDE 研究不需要等到危机临头时才着手准备。使用危机时期相关的要素,定期(例如每三个月进行一次)以小型研究监视大环境可能是比较有效率的做法。若定期执行小型调查再加上正式的研究,公关公司很快就能建立最新的信息资料库。如此不仅能知道该说什么,也可以了解哪些信息对什么人有效。事先做好准备对于可能遇上高危状况的企业尤其重要,因为面对政府或消费者的挑战,它们必须随时处于备战状态。危机来临时立刻知道如何说以及对谁说,其好处远胜过定期做 RDE 所必须付出的成本。

解读股市:
知识为华尔街带来的好处

股票市场的正常运作有赖于投资大众的不同意见与看法。一家上市公司的哪些信息与新闻会影响投资者和分析师的买卖或持有决定?在充满希望与梦想的股票市场上,人们必须依据手中的信息在瞬间决定出数十亿美元的去向,RDE 能否帮助我们了解这样一个市场呢?

目前许多模拟股市的工具使用的是由股价走势分析得来的规则。例如根据一段时间内的股价曲线形状,分析师声称可以预测未来的股价走向,虽然这些"规则"不容易了解,但这类走势判断法往往颇有效果。

有时候,股市的各种状况(不限于危机)也可以通过模型来预测,但我们对于人们的应急反应却无从得知,也无法对其施加影响。不过,真的是这样吗?

人们通常相信所谓的专家,而不相信大众的智慧,但《纽约客》

专栏作家詹姆斯·索罗维基（James Surowiecki）却表示："在正常情况下，一群人的智慧是非常惊人的，而且通常比他们当中最聪明的人还富有智慧。"[6]索罗维基指的是一群人自有的智慧，而不是利用头脑风暴获得的结果。虽然某些个体（比如专家）知道的可能很多，但真正的智慧很可能是以零碎片段的形式存在于不同人的大脑中。调查一群人对某个问题的反应，然后平均他们的评分，就可以过滤出杂音当中的可靠信号：事实上，结果的确相当准确。这个道理可以从同一个人不断重复画圆的结果看出。一个小孩在同样的位置重复画圆圈，虽然每一次画的圆不是很工整，甚至有很多不规则的缺口，但将很多圆圈重叠起来看却是相当标准的圆圈，许多有缺陷的圆最后形成一个工整的圆。关键是，我们必须适当地呈现问题，才能激发大众的智慧。

行为经济学与态度实验分析：
"万络"的例子

2004 年，默克制药公司（Merck）生产的消炎止疼药"万络"（Vioxx）可能引发心血管疾病的消息不胫而走，其部分副作用从未向大众公开过。"万络"当时是默克的畅销药品，2003 年的销售额高达 25 亿美元，号称是可以替代阿司匹林的高安全性止疼药（阿司匹林会导致溃疡和消化道出血）。新闻出来后，产生的后果不难想象：个人和团体纷纷对默克提出诉讼，默克的名声大受影响，包括默克在内的许多生产止疼药物的公司赶忙发出声明，当然默克等大型药厂的股价也无可避免地受到了影响。

自 2004 年 10 月事件爆发以来，《纽约时报》在 15 个月内就报道了 400 次。可以想见，这个负面消息也出现在了美国食品与药物管理局（FDA）的许多不同报告中，包括默克列举的各种反证在内。持有制药公司股票的投资人无一不心惊肉跳，因为股价也深受这个负面消息的影响。当然，受害最深的还是默克公司本身。

我们要讨论的问题是:在这种情况下,RDE 如何帮得上忙?这个时候,我们要问消费者的问题就不是"接受程度或喜好程度"了,而是股票该"买、卖还是持有"的问题。也就是说,假如让默克公司的股票持有人(或对冲基金经理人)看了有关美国食品与药物管理局的报告以及企业的回应的短文后给予评分,表示自己倾向于买、卖或是继续持有默克股票,我们能否借此预测未来股票持有人的反应?假如我们能建立这样的方式,RDE 或许可以成为预测股民行为的利器。RDE 所创造的股民行为模型可由此归纳出股民借助公开资讯决定买卖股票的原则。

到目前为止,我们已多次讨论过 RDE 研究的步骤;不过,由于这次的某些细节特别值得注意,因此我们会详细解释这个案例的研究数据。

以下步骤大致和第 5 章"以合法的手段了解你的竞争对手"当中的电子杂志案例相同,少数几个不同点我们会加以指出。

步骤一:找出问题,准备资料

我们要探讨的主题是:某些种类的公开资讯与未来股票购买之间的关系。以本专案为例,公开资讯包括品牌、美国食品与药物管理局对于止疼药的报告、企业直接公布的应对方案说明,以及其他企业对于这个事件的声明。这些资讯理应影响大众对企业的印象、企业未来的经济表现,以及投资人对企业未来股价的评估。大致说来,这是合理而公平的假设,不过事实不止如此。

首先从企业与品牌的认定着手。除了默克的"万络"之外,我们也将其他高剂量的止疼药以及不需处方即可出售的成药纳入研究范围。基本上,所有生产和销售止疼药的企业都在危机影响的生态系统内。

接下来,我们从各企业网站收集公关信息与资料;这些资料只限于投资人可以用搜索引擎查到,而且是股东和专业人士最感兴趣的部分。光是这一步骤,我们就收集到数百条信息。

然后我们将收集到的每条信息简化成短短几个句子。这些句子虽然简化了，但仍保留政府机构（例如美国食品与药物管理局）以及企业投资关系部门原本传达的信息和语调。这些资讯应该是股东们会注意到的。我们之所以选择企业网站或新闻网站上的资讯，就是因为我们认为股票持有人在搜索企业资讯时很可能会看到这些信息。当然，我们不能保证股东在 RDE 测试前确实看过这些信息，但至少他们对话题有熟悉感，毕竟这是分析师和股东们都关心的议题。

步骤二：根据实验设计将要素"搭配组合"，形成一组样本

这个步骤由 RDE 软件自动完成，软件会为每位被测试者设计专属的个人实验设计。每则测试短文都伴随一个需评价的问题，在这个案例中是询问被测试者根据他所看到的短文会决定卖出、买进还是继续持有股票。不同的短文包含不同的企业名称，有些短文则没有列出企业名称。被测试者对于必须卖出或买进股票并不会感到困扰，因为这只不过是另一种形式的概念评估罢了。

步骤三：邀请被测试者，收集测试结果

在股市投资的人数众多，因此要找到合适的被测试者也很容易。在这个研究项目中，我们列出的个人资料问题之一是投资金额，以便根据个人净资产的高低来分析数据。以本案例来说，我们把选择的焦点放在至少有 5 000 美元可投资的一般民众身上。我们以电子邮件邀请适合的投资人，并告知他们这是有关医疗信息的研究。

一直到实际开始测试时，被测试者才知道这个研究的真正主题。之所以不直接告诉被测试者，是因为不希望特别强调我们真正的目的在于研究未来的股票购买行为。我们将这个 RDE 项目定位成研究消费者对临床实验结果的反应，借此来掩饰研究的真正目的。

步骤四：分析研究结果并找出什么信息会提高买进或卖出的意愿

到目前为止，我们谈到的 RDE 都在衡量消费者的兴趣或喜好，也就是多少被测试者对新产品、新概念或沟通信息感兴趣。至于股票，

我们则是两方面都想知道：投资人想要买进或卖出的意愿有多强。举例来说，是否有某个特定的信息、品牌或企业名称能让投资人决定卖或买？由于大多数测试概念中都有一个企业名称，因此我们设想被测试者的买卖评价结果指的是该企业的股票。

从表 10—3 可以看到每个测试信息的影响力。单独来说，美国食品与药物管理局公布的信息并不能影响买进或卖出的决定；品牌和企业名称对买卖股票的影响要大得多。举例来说，惠氏药厂（Wyeth）的 AD-VIL 止疼药增加投资人购买股票的意愿；相反，默克的"万络"降低投资人购买股票的兴趣。此外，虽然美国食品与药物管理局的报告作用不大，企业的反应却很有影响。企业声明将采取的行动对股民而言具有相当大的影响。同意美国食品与药物管理局的说法并愿意"尽快"在包装上加印某种警告标语有助于增加投资人购买股票的意愿，例如，"我们与美国食品与药物管理局的看法一致，认为此药品有安全的止疼效果。消费者服用不应超过建议剂量或医嘱的服用期限"。

表 10—3　止疼药信息要素的范例（仅列出部分）

要素		买进（＋）/（－）
	加常数（在没有任何信息的情况下，买进或卖出的意愿）	35
类型一：止疼药品牌与厂商		
A6	惠氏药厂的 ADVIL 胶囊	7
A5	拜耳（Bayer）的 ALEVE	6
A2	辉瑞药厂（Pfizer）的"西乐葆"	－2
A3	默克的"万络"	－7
类型二：美国食品与药物管理局的报告		
B4	美国食品与药物管理局认为，如果适当的病患按照正确的使用说明服用，药物的整体效用胜过可能的风险	2
B5	美国食品与药物管理局建议医师采用其他的治疗用药	－3
类型三：企业声明未来将采取的计划或行动		
C4	药厂将继续和美国食品与药物管理局合作，赞助大型的临床研究，以进一步评估此药品	3

续前表

	要素	买进（＋）／（－）
C2	药厂发现此药品可能造成连续用药 18 个月以上的患者发生心血管疾病的风险更高，因此已将产品从市面上撤回	－6
类型四：有关产品或实验结果的事实		
D1	我们与美国食品与药物管理局的看法一致，认为此药品有安全的止疼效果。消费者服用不应超过建议剂量或医嘱的服用期限	6

注：加常数是平均的买进（大于 50）或卖出（小于 50）意愿，50 表示继续持有。实际效用值代表该信息的影响力，正数表示投资人倾向于买进，负数表示投资人倾向于卖出。

不同股票对于相同信息是否有不同的反应？这种套利意味着什么？

在这个案例之前，我们把 RDE 数据看作是一个整体，顶多按照不同心态将消费者进行分类。通过细分市场，我们可以找出一组原则，却未能发现对某特定药厂而言哪些信息可以提高股票购买率。换句话说，我们只知道一般性的原则。然而，假设我们想要了解投资人对某药厂股票（例如默克制药）的评价呢？企业公关信息对默克股票的买进和卖出有什么影响？某些信息是否对增加默克股票的卖出特别有影响力？是否另一些信息特别容易让投资人买进默克的股票？假如 RDE 能够发现企业名称与信息之间的互动关系，也许我们可以利用它来预测企业信息对投资行为的影响。

我们采用一个直接的办法来找出哪些特定的信息特别有影响力，那就是将测试概念（短文）按企业名称分类，每次只分析含有相同药厂名称的测试短文。RDE 分别为每组含有相同药厂名称的短文建立模型，来显示其他信息对含有某药厂名称的概念影响是好还是坏。[7] 其他信息来源可以是政府（美国食品与药物管理局）对新发现或政策的评论，也可以来自企业本身（例如药厂未来的计划）。将概念分开并建立模型后，我们发现同样的外来信息（也就是美国食品与药物管理局的报告）对于买进和卖出的影响因企业不同而有所差异。表 10—4 显示了部分特殊的互动效果，这对未来的股票表现特别有预测意味。例如，当美国食品与药物管理局表示正在"评估所有预防研究"时，被测试者会倾向于卖出手上默克的股票，同时买进惠氏的股票。然而，当美国食品与药物管理局表示"对所有同类药品感到担忧"时，测试结果恰好相反。当所有止疼药都遭到质疑时，默克反而受益。

表 10—4 不同信息对特定药厂股票买卖的影响

	辉瑞	默克	拜耳	惠氏
信息种类：美国食品与药物管理局的声明				
美国食品与药物管理局表示正在评估有关此药品的所有预防研究，以确保实行适当的预防措施	2	−2	−2	2
美国食品与药物管理局代局长表示，他们对所有同类药品感到担忧	1	2	−5	−2
信息种类：企业声称未来将采取行动				
虽然我们相信以含有新资料的产品包装继续营销本产品是可行的做法，但考虑到有其他可用的替代药品以及本药品研究数据所引发的质疑，我们自愿将产品从市面上撤回，以示负责……	−4	−9	3	4
药厂发现此药品可能造成连续用药 18 个月以上的患者发生心血管疾病的风险更高，因此已将产品从市面上撤回	5	−2	8	9
药厂仍继续申请另一项同类药品的多国许可，包括美国在内	−9	−9	6	6
药厂将继续和美国食品与药物管理局合作，赞助大型的临床研究，以进一步评估此药品	0	−10	6	7
在美国食品与药物管理局要求药厂暂停做广告以便评估该药品的相关新资讯以及彼此冲突的资讯后，药厂已停止了所有广告活动	1	−3	8	13
药厂宣布该药品将增加新的警告标示，包括以黑底突显更强烈的警告字眼	0	−7	5	8

我们发现，企业对危机状况的反应对于投资人买卖股票的意愿明显具有更大的影响。因药厂而异，相同的反应可能提升买进的意愿，

也可能提升卖出的意愿。举例来说，当药厂表示"药厂将继续和美国食品与药物管理局合作，赞助大型的临床研究，以进一步评估此药品"时，被测试者倾向于卖出默克的股票，买进拜耳和惠氏的股票。图 10—1 显示了企业、品牌与公关信息之间的密切关系。[8]

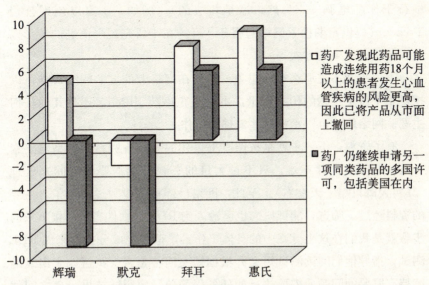

药厂发现此药品可能造成连续用药18个月以上的患者发生心血管疾病的风险更高，因此已将产品从市面上撤回

药厂仍继续申请另一项同类药品的多国许可，包括美国在内

图 10—1　四大药厂不同的企业公关资讯对股票买卖意愿的影响力。

注：因企业与品牌的组合而异，同样的信息会有不同的影响。

　　这项分析为 RDE 带来了全新的视野。除了产品开发与广告设计之外，RDE 也有成为沟通管理新工具的潜力。更有希望的是，RDE 可能成为投资人预测消费者对企业危机公关如何做出反应的有利工具。

未来前景：
准备充分的对冲基金

　　是否可能建立一个像吸尘器一样定期"吸取"网络资讯的系统，收集与特定的产品相关的主题新闻，然后让股东或基金经理人评估这些信息？

事实上，这个前景的要素大多数都已经存在。越来越多的企业和科技研究项目致力于"吸取"网络上的资讯以获得新想法。网络蜘蛛（web spider）和各式机器人早已横行网络（甚至在你不知道的情况下横行于你的电脑——当然，这是非法的）。例如，一家以色列公司 Trendum 提供定期搜索网络的服务，目的在于研究观念演进的情形以及媒体呈现故事的方式。

下一步并不是那么难以想象。专门在网络上挖宝的网络蜘蛛可以挖掘某个特定主题的相关资讯，不管是止疼药、iPod，还是其他任何主题。网络蜘蛛可以承担这些繁琐的工作。

有了资料，下一步就是按照本书表述的方式将资料依类型与要素分类。这项工作并不难，只不过大量的资料可能需要花时间来处理（其实大概只需一天左右）。至此，网络已经被"吸"过一遍了，主要的资料经过了筛选，测试概念也已输入到 RDE 的软件当中。接下来的步骤就是我们在这个专案中的具体工作：邀请股民或分析师来做 RDE 测试，指导他们阅读测试短文并根据短文回答是否会买进、卖出或继续持有股票的问题。需要执行的任务很简单，而测试结果一夜之间就可以分析完成，有关消费者对某产业或产品印象的特制模型于是诞生了。[9]

这个方法除了简单之外，还有一个优点：具有延伸性。自动的网络搜索表示，我们可以用电脑搜索原始资料和分类的内容分析工具。有了 RDE 轻松建立起来的模板，从股民与分析师那里收集知识的方式就变得快速而经济；执行 RDE 项目不需要专家，所有受过训练的人都可以操作。最后，容易了解的结果（哪些成功、哪些失败以及品牌与信息的互动）让股票分析师与股民对人们下一步的意愿一目了然。民众的声音、人们对某特定股票"此刻"的印象可以拿来和分析师的建议相对照，看看分析师与民众的看法是否大不相同，因此呈现了大好的投资机会。

总而言之，这是一个有趣的应用机会，RDE 很可能把机会变成事实。

　　创业家埃里森现在又在做什么呢？经过多日的深思熟虑，埃里森决定将公司公开上市，理由就和其他成百上千家企业一样，这是好事一桩。不过，如此一来，她除了经营事业之外又要增加更多的麻烦事，例如如何应对可能的危机，尤其是公开上市之前的时机特别敏感。媒体和竞争对手通常会对弱者手下留情，但对强者却总是用放大镜来挑毛病。她是否会成为下一个目标？假如危机发生，而埃里森立刻做出强有力（也就是正确）的反应，很可能可以挽救大局。

　　光是想象危机就让她不寒而栗。虽然埃里森总是避免去想可能发生的灾难，但在准备危机处理 RDE 研究时（当然，埃里森还是希望有备无患），她发现可以采取一些步骤来避免或控制可能的危机。这完全是令人喜出望外的收获，埃里森惯常的系统性方法让她不得不进一步思考这个问题。完全理解了问题，就等于解决了问题的一半！因此，为了预备好正确的危机公关术语以及彻底思索预防的方案，埃里森决定定期进行这项 RDE 研究。

　　现在，埃里森或许会尝试利用不同市场的状况和企业新闻的模型来找出公开上市的适当时间。谁知道呢？她说不定也会成功。

注释

［1］AFFTC History Office, Edwards Air Force Base. "Murphy's Law Was Born Here," www. edwards. af. mil/history/docs_html/tidbits/murphy's_law. html.

［2］Guy Gugliotta, "Switches Failed in Crash of Genesis: Errors Stymied Craft's Parachutes on Reentry," *Washington Post*, 16 October 2004.

［3］H. Puchan, "The Mercedes-Benz A-Class Crisis." *Corporate Communications: An International Journal* 6（1）（February 2001）: 42 - 46.

［4］Kathleen Fearn-Banks, *Crisis Communications: A Casebook Approach* (Mahwah, New Jersey: Lawrence Erlbaum Associates, Inc., 2001).

［5］*The New York Times*, 8 January 2006.

［6］James Surowiecki, *The Wisdom of Crowds: Why the Many Are Smarter Than the Few and How Collective Wisdom Shapes Business, Economies, Societies and Nations* (New York: Doubleday, 2004).

[7] Alex Gofman, "Emergent Scenarios, Synergies, and Suppressions Uncovered Within Conjoint Analysis," *Journal of Sensory Studies* 21 (4) (2006): 343 - 414.

[8] See also Howard Moskowitz and Alex Gofman, "Bare Market: Uncover Algebra of the Stock Market Mind," *Marketing Research* 18 (3) (Fall 2006): 8 - 14.

[9] Alex Gofman, Howard Moskowitz, Samuel Rabino, and Don Lowry, "Stock Market Activity: Market Research Meets Applied Economics," In *Proceedings: 2006 ESOMAR Congress in London*, London, 2006.

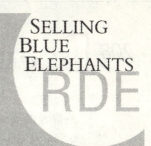

第11章　亚洲呼叫有限公司：从中国看世界

俄罗斯黑帮有个说法：赤手空拳敌不过一块砖头。将之转换到当今的现实政治环境中，正在觉醒的"金砖四国"（巴西、俄罗斯、印度和中国，简称 BRIC）就像高悬在西方国家头顶上的砖头。一般来说，一个手无寸铁的人的确没有办法直接抵挡砖块的攻击，但武术高强的人也许可以挑战一下。会功夫的人都知道，要击退手持武器的敌人必须有更矫健的身手、更精湛的武艺、更灵活的头脑，以及更周全的准备——至少成龙的功夫电影里都是这么演的。要打赢对手，必须比对方更熟练、更敏锐，在敌人来不及反应之前就快速而机灵地摸清他们的套路。能否常常领先一步就是生存和死亡之间的差距。

有"世界工厂"之称的中国和"金砖四国"的其他三位成员一样，不满足于现在的角色，正在快速地发展为经济巨人。现在，中国的制造商已经学会了有效地生产不同的产品，并且不断改善产品的品质。中国企业的下一个目标将是设计并制造自行研发的产品，同时销售给国内与国外的市场。现在的中国变得越来越雄心勃勃，只是模仿或制造更多的仿冒品并不能满足中国人的上进心。所有中国企业都希望能像西方人那样做设计，而且要做得更好、更时尚、更实惠，最终博得消费者的青睐而胜过西方的产品。亚洲汽车资源公司（Automotive Resources Asia）总裁迈克尔·邓恩（Michael Dunne）表示："中国人跟外国合资的目的只有一个：学会怎么去做，然后有一天他们自己做。而那一天已经到来了。"[1]

廉价劳动力是中国极大的优势，经验不足则是中国的劣势。现在，许多西方设计师替中国企业做事；但中国决不会以此为长久的发展战略，他们只是利用这个机会向"有经验但步伐迟缓且昏昏欲睡"的西方企业吸取经验罢了。由于几个世纪的贫穷匮乏，中国消费者一度看到任何商品都会兴高采烈地买下来，不过这段"消费饥渴"的时期已经过去了。现在，中国市场上的商品琳琅满目，和西方没有什么两样。为了让消费者掏腰包，制造商与营销人员必须了解他们的心理，而且做法不能太咄咄逼人，否则消费者很可能"封闭"起来，就像当中国人被问到太直接的问题时常常三缄其口一样。

由于中国政治传统的关系，中国人缺乏定性研究（例如焦点小组座谈会）所需的开放性文化，这对 RDE 而言是个绝佳的机会。RDE 调查的隐秘性高、速度快，结果也具体，更重要的是，不受国界、文化或既有市场知识的限制。

RDE 在中国的机会及其必将成功的原因

对于 RDE 来讲，中国是个比任何地方都容易成功的地方。具有讽刺意味的是，中国人不能尽情表达的文化习惯甚至有助于 RDE 的成功。以下是我们认为 RDE 一定会成功的八个原因：

🌐 原因一：中国设计师希望获得关于产品创新的概念。有些是根据本地市场（中国的市场广大，而且每个地区的需求不尽相同并且要求产品本地化）的需求改良西方产品而来，也或许是全新设计的产品。在这片未开发的土地上，设计师需要成千上万个来自不同地区的人提供意见。此外对资讯的需求也很紧迫,实际上极其紧迫。对于如何在充分研究之后做出果断的决策,他们还不是非常有经验,因此能够快速获得结果的工具就有用武之地了。而 RDE 正是最佳的选择,因为它速度快,具延伸性且效率高。同时,RDE 不像焦点小组座谈会那样开门见山地直接问问题(这种方式在中国这样的国家是行不通的),RDE 不具威胁性。参与测试的消费者只要针对不同概念或产品,按照自己喜欢的程度或购买意愿加以评分即可。

🌀 **原因二:** 在中国各地或亚洲其他国家进行 RDE 研究,设计师所需负担的额外成本相对来说要少许多。若考虑到人口数量及日益增加的购买力,RDE 绝对是中国的第一选择。

🌀 **原因三:** 中国消费者面对直截了当的问题时仍然保持相当的警觉性。他们的直觉反应是保持政治上正确,同时不忘取悦访问者,因为访问者可能代表政府或官方。正因为如此,大多数市场调研,尤其是定性研究,在中国的效果不如其他国家,有时甚至完全无效。

🌀 **原因四:** 在中国针对本地市场执行并分析 RDE 研究是最经济的;如果美国或欧洲企业越洋去中国进行调查,成本相对要高得多。

🌀 **原因五:** 关于消费者的心理研究,中国向来没有"标准化"的方式。因此,中国制造商不至于为了保持传统和谐而阻碍新概念的发展。

🌀 **原因六:** 多年来,中国的工厂为当地市场制造了各式各样的新产品,随之而来的问题是:如何营销这些产品?中国人很会精打细算,除了单纯地降价之外,还可以利用什么有效的营销策略?如何设计吸引顾客的产品包装?光是上海就有 2 000 万名消费者,北京也有 1 500 万。制造商如何分别为上海和北京的消费者创造不同的包装,以及在短短两年内变换包装十多次以顺应潮流,击败竞争对手?这些都是 RDE 能够轻松快速做到的。

🌀 **原因七:** 以自创品牌征服中国市场以及其他亚洲市场后,中国本地企业家的下一步将是开拓西方市场,或是西进与占领亚洲市场同时进行。目前逐渐在西方打开市场的韩国品牌三星和 LG 就是很好的先例。企业家需要的是可以付诸实施的新产品意见：该开发什么样的产品？如何传播产品信息？如果中国要独立地向世界设计、生产和营销产品，那么应该如何定义说什么、怎么说和展示什么？更重要的是，如何快速地同时进行产品改良、信息创造以及包装设计，以应对当地市场的状况与竞争威胁？虽然全世界都看得到中国产品，但中国的营销人员对美国或欧洲市场的了解却非常有限。对他们来说，雇用知名的美国或欧洲企业来做市场调研非常不划算。那么该怎么办呢？可重复利用、费用低廉的 RDE 对中国企业而言就是个很好的解决方案。

🌐**原因八：**中国人天生就具有创业精神。中国企业一旦在西方市场建立起名声，找到和西方人做生意的诀窍，前途将不可限量。其他中国企业家会纷纷前来向他们取经："这个机器在德国最受欢迎的功能是什么？我的制造成本低，但不知道要做什么产品。如何营销？如何包装？"这些工作都可以在中国当地以经济且有效的方法完成，几乎一夜之间就可以做到。

与其继续讨论原因，不如来看 RDE 如何在竞争超级激烈的中国市场发挥功用，毕竟，在这个市场早一步发现消费者的需求与喜好对企业的成功将产生莫大的帮助。

首先，来谈谈语言的问题。读者很快会发现其中的理由。到欧洲、加勒比海或南美洲旅行之前，您是否曾经尝试学几句当地的简单词语？西班牙文的 hola（哈喽）、法文的 bonjour（日安）或意大利文的 buon giorno（日安）都很容易学。许多旅客都能流利地用当地语言问好，从而赢得当地人善意的微笑。西班牙人和意大利人听到外国人讲他们的语言会很高兴，不过，到了法国，如果您的法文不是很好，最好还是不要说。在比较偏远的地区，当地人甚至天经地义地认为大家都应该听得懂也会说当地的语言。只会说一种语言的读者应该很能体会在异地问路的尴尬与无助。假如你小心翼翼地问："Barcelona direction, ……please?"（请问去巴塞罗那怎么走？）结果却换来一长串听不懂的西班牙文。大多数美国人都不会说外语，因为他们期望别人讲英文。

中国却完全不一样。在前往中国之前，作者之一戈夫曼趁机向一位以中文为母语的员工学习说"你好"。根据这名员工的说法，戈夫曼的发音颇为正确，可是后来到了中国用"你好"打招呼时，却完全无效。不是发音问题（发音确实很难），而是中国人不期望外国人会讲中文。他们要不就猜这是某种外语（如果是他们知道的语种），要不就完全忽视对方的话，当做是自己听不懂的语言。这大概是由于会讲中文的外国人实属罕见的缘故吧？

另一方面，数以百万计的亚洲人移民到欧洲和美国，而且多数能适应新环境。从硅谷的印度创业家到中国科学家和会计师，都是亚洲人快速适应新国度、新生活的例证。能够适应中国生活的西方人又有多少呢？

最起码，一旦中国企业准备就绪，它们会比西方企业更有机会在市场情报方面获得成功。那么为什么还没发生呢？只需再等一两年。中国企业家正在探索东西方的市场，也正在学习多种语言。他们并不期望外国人学中文，而是自己迫切地想要学好外文，即使一开始说得不完美也无所谓。中国的外语学校如雨后春笋般出现，证明了中国对外开放的姿态。

接下来要举的例子是我们称之为亚洲呼叫有限公司的故事。亚洲呼叫的总部位于上海浦东新区有着超现代外观的摩天大楼内，员工都是年轻、充满朝气、胸怀壮志的当地大学毕业生，他们并不羞于承认自己还需要、也想要多学习。

而且事实上是学的越多越好。亚洲呼叫还从几家顶尖的制造商那里聘请到了高层管理人员，因此对于人事与企业方面的知识颇为了解。一开始，亚洲呼叫和美国一家数一数二的市场情报公司密切合作，从那里学到了不少知识、技术和方法。现在，亚洲呼叫仍然付费使用它们的部分软件，但这种情况不会持续太久，因为中国的软件开发成本并不高，同时，亚洲呼叫已和全球几个主要的测试供应商建立起了良好的关系。通过网络召集消费者参与测试对他们而言简直轻而易举、快速方便而且成本低廉。

亚洲呼叫的目的很单纯:了解全球各地消费者对产品功能以及服务内容的想法，然后将这些知识传达给客户位于中国和东南亚的工厂，或者位于印度的外包商。有些亚洲呼叫的客户计划生产全新的产品，需要中国工厂根据顾客需求替他们设计和制造；有些客户想在海外成立某种产品的客服中心，但不知道该用哪种语言才能满足企业和消费者的需求。这些客户（企业）和消费者（产品或服务的最终使用者）来自世界各国，而亚洲呼叫的许多客户来自西方国家，它们急切地想要进入广大的亚洲市场。

考虑到这些，亚洲呼叫该如何建立一种动态的业务系统，以了解全球消费者心理，利用 RDE 分析市场情报，并以快捷的速度和实惠的价格提供任何工厂和客服中心都能够使用的具体建议。

亚洲呼叫发现，RDE 的方法十分符合该企业的目标。亚洲呼叫和中国制造商、营销公司及消费者都有良好的关系，因此能够为全球各地的企业客户提供服务。亚洲呼叫使用 RDE 的技术来测试消费者对产品的反应，例如针对美国和加拿大的顾客测试卧室装潢的概念。虽然产品营销公司位于荷兰和瑞典，生产工厂设在中国和马来西亚，但顾客很可能其实来自另一个甚至多个文化各异的地区。

RDE 让亚洲呼叫有能力完成至少四大任务，而每一项都可以增强企业的竞争优势：

🌐 **专为制造商服务，提供可订阅的全球竞争情报分析。**全球企业都希望掌握趋势。亚洲呼叫接受多家企业委托，以半年为期开展研究项目，取代了每家企业各自进行研究。在这些研究项目中，亚洲呼叫针对特定领域在网络上进行地毯式的搜索，以了解哪些种类的产品、功能、信息和图案正在市面上流行。在不同国家进行相同的 RDE 研究之后，亚洲呼叫将结果汇集成资料库，从资料库即可看出哪些概念有效、哪些无效。这个标准化的资料库就是亚洲呼叫的毕马龙（pygmalion）[2]资料库。毕马龙资料库可以告诉企业哪些概念在某个国家有效，并划定各种不同的细分市场。利用 RDE，竞争情报分析将变得非常简单，企业可以通过毕马龙资料库掌握趋势，抓住机会。

🌐 **将消费者的需求转化为全球范围内的产品设计。**亚洲呼叫最重要的任务是将企业的营销目标转化成实际的产品概念，然后将这些产品概念规格传达给中国的工厂。亚洲呼叫与客户（即产品营销公司）共同寻找新机会，建立测试概念的结构（即产品概念的样式与功能），将多种不同方案输入模板，针对全球各地的目标消费者做测试，收集结果，最后将结果传回中国制造商的资料库中。[3]整个资料建立的流程，从新市场机会到消费者心理，再到工厂的制造规格，总共只需要短则一天长则一至两周的时间。在竞争激烈的商场上，动作迟缓是无法生存发展下去的。

🌐 **创造营销与销售用的宣传资料。**除了分析竞争情报，RDE 也可鉴别有助于推销产品的广告信息，至少，可以刺激消费者的购买欲望。亚洲呼叫针对目标市场进行调查，找出能够引起消费者高度兴趣的特定字眼（参见第 4 章）以及图样（参见第 7 章）。同样，RDE 可以在很短的时间内完成这项任务。以大多数情况而言，耗时长、速度慢、成本高且得来不易的市场调查既不适合今日瞬息万变的商场，也没有效率。等到复杂的调查工作终于完成，机会恐怕早已失之交臂，而"新"概念也变得过时了。亚洲呼叫想要知道的是当下有效的方案。当亚洲呼叫看到方案实施的结果后，就会知道其为什么有效。也就是说，RDE 真正的长处在于能在很短的时间内告诉你什么广告内容有效。

🌐 **搜索式广告的即时沟通优化方案。**有了 RDE，亚洲呼叫能够利用搜索式广告帮客户进行优化。目前，各搜索引擎（例如谷歌）的收益很大一部分来自广告（刊登广告的客户收益则更多），也就是所谓的关键字广告。通过 RDE 以及谷歌的广告词应用程序界面，亚洲呼叫可以系统地调整关键字的广告，RDE 知道什么样的搜索式广告最有效，并且会自动进行优化。如果在搜索当中发现了效果卓著的概念（比如能够提高点击率），RDE 会将其记住并保留下来。这个系统可以即时处理数千个组合，是 RDE 思维模式和技术的简单应用。

亚洲呼叫这个新成立的企业（才 1～3 年），显然可以给商界提供许多不同方面的 RDE 应用。有些 RDE 的应用甚至可以说前所未有，例如以 RDE 为基础的即时内容优化、滚动式的动态广告等。总而言之，科技加上人才，经过经济环境的刺激，通过有效的方法，足以形成一股庞大的力量。这股庞大的力量能够探究消费者的心理，制造出卓越的产品，而且是专为世界各地越来越小、互不相同的细分市场所设计。

但这并不是一条平坦顺畅的高速公路，不能保证你一定会顺利到达目的地。飞利浦设计预测与趋势部门主管马尔科·拜沃罗曾经说过："中国也许有一天会站到世界之巅，但不是轻轻松松就能做到……你必须了解什么东西吸引人、人们喜欢什么以及如何激发人们的梦想。"[4]

拜沃罗的同事、出生于澳大利亚的飞利浦设计部副总裁默里·卡曼斯（Murray Camens）曾经发出警告：中国企业如果不深入了解消费者的复杂心理，可能会面临灾难。他相信："中国企业如果想获得全球性的成功，就必须学会了解消费者的口味与欲望，并且努力满足他们的需求。"

相反，企图进军中国市场或其他发展中国家的外国企业不应该"贸然认定便宜就是好"，还是要做好事前的功课。[5]

这正是亚洲呼叫可以提供的服务：弥合中国制造商与全球消费者之间的鸿沟。中国企业已经准备好面对激烈的竞争。宏盟集团（Omnicom Group）旗下的 TBWA 上海分公司总经理贺劲勋（Gavin Heron）曾经说过："市场变化之快……与不可预测性，让心脏不好的人承受不起。"[6]

人们通常对未来或未知的事情特别害怕，不过，一旦真正发生了，反而变得比较勇敢。我们应该惧怕上升中的"金砖四国"吗？事实上，根本不需要害怕，这不是威胁，而是事实。我们要做的是去面对它，就像面对 IT 业外包到印度的现实一样。有必要害怕吗？如果真是这样，为什么美国企业仍然找不到合格的本土软件工程师呢？

西方企业该怎么做？最好的答案就是，尽量领先对手一步。

注释

[1] Gordon Fairclough，"GM's Partner in China Plans Competing Car," *The Wall Street Journal*，5 April 2006.

[2] 基于经典故事，萧伯纳的《毕马龙》（也被称为《窈窕淑女》）讲述了一个伦敦绅士教一个女孩怎样恰当地说话和做事，导致了远远超出教学之外的结果。

[3] 我们在本书中已经看过这一应用的实践，尤其是在第 6 章关于创新的

部分。

［4］"Philips Design Execs Say Chinese Firms Face Challenges," *Plastics News* (12 July 2005)：www. plasticsnews. com/china/philipsdesign.

［5］同上。

［6］Geoffrey A. Fowler，"Agencies Find China Land of Opportunity and Unhappy Clients," *The Wall Street Journal*，17 March 2006.

第12章　RDE 的"勇敢
新世界"

　　有两个猎人正准备到森林里捕猎老虎，其中一人换上了轻便舒适
的跑鞋，另一个人还是穿着沉重的旧鞋子。后者问前者："假如老虎追
我们的话，你穿这双鞋会跑得比老虎快吗？"前者回答："不会。不过，
我只要跑得比你快就行了。"

　　RDE 通常可以让企业首先"抓到老虎"。再不济的情况下，至少
也可以让使用者比竞争对手领先一步。而领先一步往往就足以获得成
功，至少能生存下去。

　　本书将不同的实际案例呈现在读者眼前，从食品到杂志，从政治
到股市，从 20 世纪 50 年代的美国工厂到近期的亚洲工厂，几乎包罗
万象。我们也看到企业在使用 RDE 了解如何开发产品、了解竞争对手
的优势与弱势，以及如何持续创新。最后，这一章将回顾 RDE 的重
点，包括读者到目前为止所学到的内容，以及实际操作的问题。别忘
了，本书的真实故事都是从数千个成功的案例中精挑细选出来的。这
数千个 RDE 案例是作者多年来亲身参与的经验，范围涵盖数十个不同
的领域，包括食品、旅馆、汽车、手机、珠宝、家具、出版及电视广
告等。

RDE 问与答

看过别人受益于 RDE 的故事，您也许想要亲自尝试。当然，阅读跟实际去做是两回事，但以 RDE 来说，两者的差别其实不大，就算第一次尝试没有得到最佳的结果，第二次也应该会成功。假如您还有疑惑的话，请阅读以下的部分，我们尽量回答您的问题。

问题一：RDE 实际可行吗？

书中列举的企业难题真的可以由非专家的一般人员来解决吗？答案是非常肯定的："可以！"虽然我们也希望知识的取得就像僧侣生涯那么清苦，统计好比魔法那样神秘，但事实上，本书所呈现的 RDE 的应用却非常简单。当然，RDE 背后的科技一点也不简单，不过执行起来其实不费工夫。尽管执行环节相当简单，然而，适当的思考仍是不可或缺的。假如不具备 RDE 所要求的规范性思维，简单的"选美"方法或者从几种次优的选择中勉强进行优选，是不能取而代之的。是的，RDE 是绝对可行的。尝试去做吧，它不会咬人的！

问题二：RDE 值得去做吗？

即使 RDE 是可行的，甚至大多数情况下都非常简单，我们还必须考虑价值的问题。简单来说，RDE 是否值得去做？使用 RDE 的企业真的会受益更多吗？还是这些问题可以被轻易地看透，而不需要 RDE 呢？答案和第一个可行性问题一样简单：RDE 当然值得去做！

今天，几乎所有企业都受到无情的时间限制，恐怕没有一家企业敢说它们不但有时间去做正确的事，还有时间把事情都做好。现在就连思考的时间也很宝贵。面对每天层出不穷的挑战，难怪公司的经理们第一反应是寻找解决问题的捷径。而通常这些捷径来自猜测。经理会用无奈、疲惫但诚恳的语气冠冕堂皇地说："当然，我们是想要用

RDE……但是实在没有时间！"

然而，在作者看来，RDE 真的不需要太多时间。事实上，RDE 反而可以节省许多时间、精力和金钱。其可贵之处在于它让企业不得不认真地思考问题，而不是做出无谓的反应动作。大家都知道且认同做功课、在学校练习和运动的重要性。RDE 就像练习，要求企业以系统的方式思考问题，这对解决问题有很大的帮助。收集和理解自变量也有助于进行实验。有时候，RDE 最有价值的部分正是事前没有压力的思考阶段，以及从资料收集中得到的深刻见解和资料中显示出的内容。

那么之后呢？RDE 之所以有效，只是因为它可以逼迫我们思考吗？当然不是这样，RDE 的优点还有很多。目前，企业掌握的知识很多是非系统性的观察结果。当然企业界有很多的报告、各种资料库和研究成果等等。但这些很少有系统性，通常人们无法去查阅哪些收到了效果而哪些没有，使用了哪些原则，或者说是否归纳出了原则。我们来回顾本书所讨论的重点："规则"和"概念"这两个词一再地出现。RDE 的重点就是以原则和资料库为基础，在新问题出现时可以随时回头去寻找答案。

简而言之，RDE 是有效的，不管是在刚开始进行系统性的思考时还是中期了解实际状况（巴斯德曾在 1854 年说过："成功属于有准备的人。"）时，抑或者后期完成可重复使用的资料库时。有时候，我们自己也感到惊讶：一个案例会有这么多的后续发展，甚至还有当初意想不到的各种用途。我们对现今企业的深度观察足以回应人们的质疑。目前，经营企业靠的是知识。通常，当问题发生时，企业会指派某个人去翻阅旧的公司报告、研究成果或资料库，从中寻找解决方案。而 RDE 会是其中一种资料来源，就像其他各种研究资料一样；不同的是，RDE 的资料早已整理得有条不紊了。

问题三：RDE 是否有其限制？

RDE 背后的主要概念是什么？真的能做到像本书中说的那样吗？RDE 真的能够奇迹般地提高效果吗？

一方面，在以猜测为主的世界里，长期来看系统性的实验一定是赢家，因为它是基于事实的。世界运行的法则不会因为有人进行系统性的观察而改变。RDE 能够做的很多，当然这和使用者的才能有直接的关系。RDE 不可能让粗人变成艺术家、让愚昧无知的人变成高瞻远瞩的大师，也不可能让喜欢猜测胜过计量、喜欢无谓臆测胜过系统性资料收集的人一窥宇宙的奥秘。

另一方面，由于 RDE 的架构使然，每次使用都获得成功是理所当然的。RDE 要求使用者认真思考各种不同的方案。这几乎成了一种铁律。思考非常重要；不论企业内部怎么说，先前的经验不能作为将来成功或失败的预测标准。企业界充斥着所谓大师说的话，这些人常会持续数年被奉为大师，直到大众出于赶时髦的缘故去追随另一位崛起的大师为止。RDE 的好处是，它不会随着大师起舞，而是要求企业动手实验，避免凭空想象。只要你思考、测量，然后实际观察结果，其余的会自然而然发生。

如我们所见，RDE 研发了食品和饮料，解构了竞争情报，找到了"最具影响力的宣传信息"，创新了产品，甚至应用到了政治竞选和股票市场上。这些只是 RDE 广泛应用的一小部分。试想任何一个涉及人类做出选择的议题以及重要的观念问题，然后再试想一个系统化的实验，它能够将测试的要素、测量的方法以及类型的鉴别统统呈现在人们面前。如果你还能想得到其他的问题，请回顾本书的前言和其他章节的内容，就会找到另一个可以应用 RDE 的领域。

坚持实验吧！

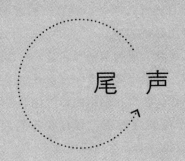

尾 声

　　那么我们故事的主角创业家埃里森怎么样了？她当初几乎毫不迟疑地跳进了 RDE 的世界。那么 RDE 带给了她什么呢？我们来看看数年后她的家庭生活，答案就在其中了。

　　"妈妈，我们再玩一次！从哪一层架子开始？"埃里森的女儿在超级市场里这么问她。这个游戏对孩子来说很简单：埃里森的女儿背对货架，随便指一个产品，然后埃里森要告诉她关于这个产品的一个小故事。现如今，货架上的许多产品都得益于 RDE，不管是口味、外观、包装、地点、品牌延伸、产品促销或广告等，都经过了 RDE 的优化。没有使用 RDE 进行优化的产品最终都失去了市场占有率，不是从货架上消失了就是被移到较低的货架上，销售排名也下降到列表的底端。埃里森成了引领 RDE 风潮的先驱，她利用 RDE 赚了许多钱，并且决心把这个"最不为人知的商业秘密"传播开来。她花了不少时间在商界同行以及社会中宣传这个概念。现在，她可以很骄傲地指出经过 RDE 优化的众多产品。

　　埃里森内心里很乐意玩这个游戏，而她的女儿对妈妈的职业、财富和社会地位的兴趣都比不上这个游戏。孩子通常会很快适应身边的事情，好像他们的父母不过是"会说话的家具"。"这个也是你做的啊？我昨天在电视上看到了！""不是我自己做的，是约翰的公司……不过我记得曾经告诉过约翰 RDE 的好处。""约翰是谁？""他现在是《财富》500 强企业的首席执行官了……可以说是个非常非常成功的人。"

　　白手起家的埃里森通过对口味、外观、包装和其他成功产品的因素进行实验，成功地将新颖的产品推向了市场。RDE 帮助她与市场上的"大块头"展开竞争，而且还连连获胜。就算实验起初未能产生预期的结果，再做一次也是轻而易举的事。

　　埃里森当初的小公司已经壮大成为消费性包装产品的跨国企业了，并且正在锐意进军其他领域。她的很多商界朋友也开始接受这个概念，并且把它运用在电视节目制作、教育、网络内容优化等领域中。

　　请您也亲自尝试吧。您可能会发现，对有准备的人来说，就连"卖掉蓝象"这么古怪的提议也并非那么难以实现。

　　如果您想了解更多有关 RDE 方面的实际经验，请访问我们的网站：www. SellingBlueElephants. com。

附录 玩家设计的游戏：
IdeaMap® 在 MySpace 中国的应用

　　MySpace 中国公司是由 MySpace. com、IDG（技术创业投资基
金）和中国宽带产业基金三家合资创立的，其业务的运营、管理立足
中国国内，技术平台和品牌源自 MySpace. com 公司。MySpace 中国
及其主要投资人都认为：更好地了解和响应本地客户的需求，对公司
的业务发展是至关重要的。也正是这种发展的理念成就了其不断追求
产品和技术创新的动力源泉。MySpace 中国的目标就是为崇尚健康虚
拟网络生活方式的大众提供一种真诚、平等、友好的在线通讯平台，
同时向互联网和第三方合作商开放平台，并借此向广告客户提供针对
不同社区群体的市场解决方案，实现成效卓著的广告效应。2008 年
初，MySpace 中国的董事会宣布将应用研发及向第三方和终端用户开
放开发平台列为公司的业务宗旨之一。
　　尽管 MySpace 中国投入了大量的资金，但目前的市场份额表现不
如预期。MySpace 的中国网站（MySpace. cn）业绩平平，与国内的竞
争对手差距明显。BDA 中国研究咨询公司的调查报告说明，
MySpace. cn 网仍未达到中国国内社区网站（SNS）的一流水平。事实
是目前的市场正被国内的 SNS 网站，如 QQ 网、校内网和 51. com 等

所垄断。

面对当前日益激烈的竞争环境，吸引更多的注册用户以及延长用户在 MySpace. cn 上的浏览时间已成为公司最大的挑战。要实现市场份额的提升，需要 MySpace 中国在技术和产品服务两方面进行创新。

近来，一个以农场为主题的游戏正在社区网站上迅速流行。MySpace 中国决定抓住农场主题，进一步开发农场商业游戏。在 Flash 的游戏网站上，用户可以虚拟种田、养花、喂鸡……体会通过信息沟通、与友人互助收割的喜悦。

目前，竞争对手的网站上已经发布了此类游戏，而且已经产生了良好的市场反应。就游戏所需的计算机软、硬件技术而言，游戏开发难度不大，关键是游戏本身的设计，主要应该体现哪些功能。面对竞争对手更加复杂、更加全面的游戏产品，MySpace 中国的研发团队首先该做些什么呢？该如何使用手上有限的资源和时间去与已经开发成熟的游戏产品进行竞争呢？

为抓住市场的机遇、增加 MySpace 网站的用户量，以及延长用户的访问时间，MySpace 中国的研发团队决定尽可能地开发基础的游戏功能。研发团队用了 3 周的时间开发出了基本的游戏功能和游戏平台。用户可以在游戏中扮演农场主的角色，管理自家的农田，可以雇用不同的农夫去收割麦子，可以改换农场的景色并可以与其他朋友进行简单的互助游戏。

现在我们应该来进一步研究游戏中到底哪些特点是有助于吸引用户的。比如建一栋房子，地基已经挖好了，但房子到底应该盖成什么样呢——一座城堡、一座东罗马的宫殿，还是一座中国传统式的庭院？解决此类问题可以有众多不同的选择，RDE 可以说是其中最好的。

我们与研发团队就游戏项目测试的内容进行了一整天的讨论。通过头脑风暴的形式，我们总结出了一个功能条款的长列表。在设计实验的过程中，我们将条款删减到了 24 项，并保留了 5 张游戏局部和情景图片。

场景人物

A1

A2

A3

A4

A5

A6

💡 道具

B1　充公卡——让好友的农夫或动物消失

B2　喷嚏卡——让好友的农夫或动物得流感，生产速度降低

B3　加固栅栏——好友的农夫或动物挪走的时候会留下一部分收成

B4　触发器——农场里有大事小情主动通知，不用自己经常查看

B5　诬陷卡——诬告别人的农夫或动物，使其被关进监狱，一段时间内不能使用

B6　天气卡——可以让自己的农场有好天气，或让别人的农场干旱等

游戏规则

C1　种各种作物，如小麦、茄子、西红柿

C2　饲养各种动物，如猫、狗、猪、鸡、大象……

C3　经常抚慰农夫或给动物洗澡可以增加收割速度

C4　可以对鸡蛋、牛奶、小麦等各种农副产品进行组合再加工，
生产出面包等可以赚更多钱

C5　各种风格的场景，如小屋、草坪……装饰自己的农场，不断
加盖自己的农场小屋，可以盖成五星级大饭店

C6　购买名人的耕地

互动

D1　偷取别人的农副产品

D2　在好友的农场里种菜、养动物

D3　雇用好友做自己的农夫后，可以整他或安抚他

D4　将自己的动物、作物以及道具赠送给好友

D5　邀请好友到自己的农场参观

D6　让自己的动物参加运动会，获奖后会给农场加分并授予奖章

与传统行业相比，中国社区网站的显著优势是它们的客户是在线的，并且熟悉互联网的应用。因此，我们所采用在线调查方式往往更容易为那些问卷调查者所接受。

为鼓励用户完成该项调查，我们向每位参与者提供 10 000 个谷物（虚拟货币，可以在农场游戏中使用）。而调查网页的链接被挂在游戏的首页上。事实说明这种激励机制是非常有效的，两天内就有超过600 名用户完成了调查报告。

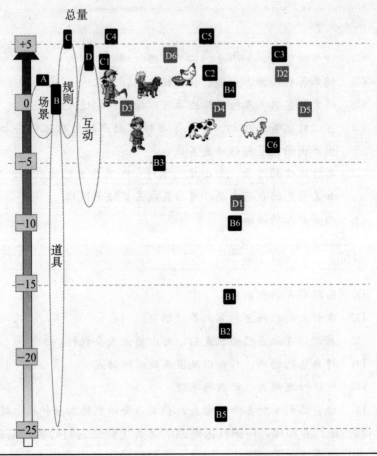

	总样本	S1	S2	S3	S4
总量：	603	127	237	111	128
常量：	59	56	65	55	56
C4 可以对鸡蛋、牛奶、小麦等各种农副产品进行组合再加工，生产出面包等可以赚更多钱	5	15	−4	1	14
C5 各种风格的场景，如小屋、草坪……装饰自己的农场，不断加盖自己的农场小屋，可以盖成五星级大饭店	5	14	−4	2	15
C1 种各种作物，如小麦、茄子、西红柿	3	14	−2	−3	7
C2 饲养各种动物，如猫、狗、猪、鸡、大象……	2	14	−6	−1	7

		C1	C2	C3	C4	C5
C3	经常抚慰农夫或给动物洗澡可以增加收割速度	3	11	−3	3	6
A1		2	10	−1	10	−9
C6	购买名人的耕地	−1	9	−5	−8	0
A5		2	8	3	10	−14
B4	触发器——农场里有大事小情主动通知，不用自己经常查看	1	8	3	−9	−3
A6		1	6	2	6	−11
A2		0	6	0	2	−10
A3		0	2	0	5	−9
A4		−1	1	0	9	−13
B3	加固栅栏——好友的农夫或动物挪走的时候会留下一部分收成	−5	1	−1	−23	−5
D6	让自己的动物参加运动会，获奖后会给农场加分并授予奖章	4	0	−2	20	6
D4	将自己的动物、作物以及道具赠送给好友	0	−5	−5	8	7 5
D5	邀请好友到自己的农场参观	0	−5	−4	10	5
D2	在好友的农场里种菜、养动物	2	−6	0	14	5

D3	雇用好友做自己的农夫后，可以整他或安抚他	0	−10	−2	8	8
B6	天气卡——可以让自己的农场有好天气，或让别人的农场干旱等	−10	−19	0	−29	−4
B1	充公卡——让好友的农夫或动物消失	−16	−23	−2	−37	−15
D1	偷取别人的农副产品	−7	−24	−5	−1	3
B2	喷嚏卡——让好友的农夫或动物得流感，生产速度降低	−18	−31	−3	−42	−12
B5	诬陷卡——诬告别人的农夫或动物，使其被关进监狱，一段时间内不能使用	−24	−41	−4	−48	−22

注：S1、S2、S3、S4 是以模式为基础的分割。

上表显示了各元素对该项目的影响程度。表中较高的常数数据表明，农场游戏是一个比较流行的主题（总的来说，大多数被调查者倾向于参加游戏的潜力为 59％）。但依据全部被调查人的平均数据分析来看，其他大部分元素没有表现出突出的影响力（影响力处于中等水平）。而且，多数被调查人对那些惩罚性的小道具（游戏卡）产生了明显的抵触情绪，例如对"诬陷卡——诬告别人的农夫或动物，使其被关进监狱，一段时间内不能使用"的统计得分为 −24，对"喷嚏卡——让好友的农夫或动物得流感，生产速度降低"的统计得分为 −18。可以认为类似的游戏卡环节对游戏和玩家来说是个负面影响元素，没人愿意更多关注。

尽管人们生活在相同的社区，有着相近的社会背景和教育程度，但每个人都有其特点。市场人员对此早已知之甚深，通常市场分析都不会完全依托平均数据。而区分不同的人群最有效的方法是依据他们的观念。这也正是 RDE 方法的理论基础。RDE 系统将依据人们对调查问卷中的场景描述作出的不同评价来区分每个被调查者的组群划分。具体的组群划分技术细节在本书中有详细介绍。现在，我们只要确信 RDE 组群分类方法是我们对客户进行分类的最有效方法就好。

因为在调查中以收集了足够的数据，我们确定了 4 个组群分类方案。（依据数据情况，RDE 系统分析了 2～6 个客户组群。）

🌐 **组群 1**（127 人）是比较极端的类型。该类型的人偏爱农场游戏中的每个有关规则描述的元素（＋9 到＋15），而且该类型的人比较情绪化，对惩罚性环节有相当高的排斥（如，对"诬陷卡——诬告别人的农夫或动物，使其被关进监狱，一段时间内不能使用"的反应是一41，对其他同类环节也表现出了类似的排除现象）。虽然该类型人对其他元素也表现出类似的排斥（如，对"偷取别人的农副产品"的反应为一24），但还是应该将其与不喜欢农场游戏的被调查者区分开来，他们仅是对一些游戏的负面环节表现出排斥。

🌐 **组群 2**（237 人）是对农场游戏最感兴趣的人（常数为＋65），而且少有因素能够影响他们。多数元素对此类人没有太大的区别，因为他们对游戏的兴趣太强。

🌐 **组群 3**（111 人）是表现非常不同的人群。他们对游戏比较感兴趣（常数为＋55），与其他人相比，比较强调视觉感受和社会意识。他们喜欢在游戏中邀请朋友（"邀请好友到自己的农场参观"元素的反馈为＋10，"在好友的农场里种菜、养动物"元素的反馈为＋14），以及让动物参与游戏（"让自己的动物参加运动会，获奖后会给农场加分并授予奖章"的反馈为＋20）。该类人对惩罚性环节有着突出的情绪化排斥。

🌐 **组群 4**（128 人）对游戏有较强的兴趣（常数为＋56）。对农场的细节内容表现出较高的兴趣（"各种风格的场景，如小屋草坪……装饰自己的农场，不断加盖自己的农场小屋，可以盖成五星级大饭店"的反馈为＋15）。此类人对视觉场景不太喜欢，（一9 到一14 的反馈说明游戏设计人员需要重新设计场景）。

研发团队认为数据的分析结果很有意义。所以，在端午节期间，游戏网管启动了一项新的功能，让玩家可以在农场内包粽子，并可将其作为礼物馈赠朋友。该项简单的功能增加成功地使用户数增加了400％。实际上，我们可通过分析元素 C1（种各种作物，如小麦、茄子、西红柿）和 C4（将自己的动物、作物以及道具赠送给好友）的反馈数据就可获得上述调整的实验支持。

如果仅如此小的一个调整就能够增加 400％ 的用户数量，那么如果 MySpace 中国的游戏中只有那些经过验证的所谓"正向"元素时，市场的反应将会是怎样呢。当我们真的那样做，用户的反应到底是什么？通过分组结果的分析，我们向不同类型的玩家提供各自所偏好的游戏功能，市场的反应将会怎样呢？

依据上面的数据，MySpace 中国的研发团队能够在较短的时间、有限的资源条件下，完成一次高效的工作。观念开放的团队，凭借高层管理者的支持（而碰巧管理者又了解 RDE 方法的话），研发的成果将是无法被忽视的，也必将为项目的成果打下基础。

现在，MySpace 中国的研发团队正关注着 C4 和 C5 元素的功能开发，让我们共同来看看下面会发生什么……

《在平的世界中竞争》
Competing in a Flat World
By Victor K. Fung 等　宋华 译
出版时间：2009 年 8 月　定价：36 元

　　风靡全球的畅销书《世界是平的》把不可阻挡的全球化趋势展现在我们面前，向人们传递了"世界正在从圆形变成扁平，随时做好准备迎战变化"这样一种新的理念。那么，企业怎样才能在平的世界获得竞争优势？本书中，亚洲最具活力和创造力的企业——利丰集团的冯国经、冯国纶以及沃顿商学院的温德教授为您提供了答案。

　　在平的世界中，企业的成功不仅仅取决于企业的竞争优势，更取决于企业所在网络的竞争优势。以往的竞争如同个人赛跑，成功企业像独来独往的马拉松选手，而平的世界中的竞争要像一场接力赛，选手的速度固然重要，但能否顺利交接棒同样重要。

　　本书用大量案例说明，如何把恰当的商品以恰当的价格在恰当的时产送到恰当的地点；说明了如何增强组织弹性、扩大授权、加强整合，以适应这个平的世界。这本供应链管理的经典之作，对于所有想要在变革的时代、在全球化的浪潮中大展身手的企业和个人来说，都不可不读。

《公司的灵魂》
The Soul of the Corporation: How to Manage the Identity of Your Company
By Hamid Bouchikhi 等　孙颖 译
出版时间：2009 年 7 月　定价：39 元（估）

　　本书认为，公司形象好比公司的灵魂。我们正置身于一个崭新的形象时代之中。在这个时代里，员工、顾客、投资者以及其他利益相关者都对公司形象高度关注。更为重要的是，公司的形象与公司文化、企业战略、品牌定位等有密切的关系，并会对公司的业绩产生重要影响。如果战略决策与公司形象相悖，再好的战略也难以发挥作用。好的形象对于公司而言是一项极其重要的资产，差的形象则会成为公司的一项沉重负债。

　　书中选取了世界上许多著名公司的真实案例来说明如何管理公司形象，如何发挥公司形象的作用，如果利用公司形象创造出更长久的价值。本书还说明了公司在兼并收购、战略联合、分立剥离以及创新品牌等不同的情况下如何应对形象挑战。

　　除了丰富的案例外，本书还提出了"形象审计"这一概念，并辅之以问卷调查、培训设计等具体方法，为领导者塑造和管理公司形象提供了可操作性的指导。

《强势时代》
Powerful Times
By Eamonn Kelly 王哲 译
出版时间:2009 年 6 月　定价:38 元

强势时代

埃蒙·凯利著

中国人民大学出版社

　　本书以全球视角,精辟分析了未来十年世界所面临的变化和挑战。从恐怖主义到核扩散,从能够改变人类的新兴技术到新兴经济大国的崛起……作者指出,一些强势的"动态矛盾"将在未来几十年根本上重塑人类生活,他以非凡的洞察力来解释这些矛盾将如何相互抵触、相互作用,制造一轮我们未曾见过的变革。

　　·世界上唯一的超级大国面临着前所未有的进退两难的困境。

　　·无所不在的信息带来了透明,但也带来了混乱、阴谋和混沌。

　　·科学技术进步是突破还是灾难? 是加速发展,还是遇到伦理道德的挑战而放缓?

　　·中国和印度的崛起会怎样改变世界?

　　·发达国家迅速的老龄化将给世界带来哪些变化?

　　·全球市场是促使所有国家繁荣,还是让一些地区陷入了衰退?

　　·人类如何应对 90 亿人口给地球带来的影响?

　　·如何调动个人和组织的热情与力量去创造更加美好的未来?

　　对于关注我们当前与未来政治、经济生活的读者,本书为你提供了一个更广阔的视角和一种更深刻的理解。

《经济指标解读》(第二版)
The Secrets of Economic Indicators，2nd Edition
by Bernard Baumohl 吴汉洪 译校
出版时间:2009 年 8 月　定价:48 元

经济指标解读（第二版）伯纳德·鲍莫尔著

中国人民大学出版社

　　这不是一本教科书,也不是关于经济方面的学术论著。 这本书旨在帮助人们更好地理解:如何看待经济指标,经济指标为什么会有重要影响,它们能告诉我们多少关于未来的事情,以及人们如何最充分地利用这些信息。

　　在本书第 1 版出版后,已经出现了许多新的经济指标,有的是很好的预测工具。 为了更准确地预测经济走势,原来的一些经济指标也得到了修改完善。 因此作者推出了新版,在新版中将 "最有影响的经济指标" 的排列顺序做了更新。 新的排序对于介绍预测经济活动的新方法和说明现有指标的计算路径非常有必要。 同时新版列出了哪些经济指标最能预测经济走势,增加了排名前十的 "领先经济指标" 的介绍……

　　无论你是投资者、投资中介员工、研究人员、新闻工作者还是学生,本书都能帮助你认识经济指标,并独立地对经济走势做出更加客观的分析和判断。 本书还将帮助有经济学背景的人士提升洞穿经济指标、预测经济走势的能力。

图书在版编目（CIP）数据

卖掉蓝象——如何预知顾客需求，打造未来的明星产品/莫斯科维茨，戈夫曼著；
刘宝成译.

北京：中国人民大学出版社，2009
（沃顿商学院图书）
ISBN 978-7-300-10908-4

Ⅰ．卖…
Ⅱ．①莫…②戈…③刘…
Ⅲ．企业管理：销售管理
Ⅳ．F274

中国版本图书馆 CIP 数据核字（2009）第 139526 号

沃顿商学院图书
卖掉蓝象——如何预知顾客需求，打造未来的明星产品
霍华德·莫斯科维茨　亚历克斯·戈夫曼　著

刘宝成　译

出版发行	中国人民大学出版社	
社　　址	北京中关村大街 31 号	**邮政编码**　100080
电　　话	010 - 62511242（总编室）	010 - 62511398（质管部）
	010 - 82501766（邮购部）	010 - 62514148（门市部）
	010 - 62515195（发行公司）	010 - 62515275（盗版举报）
网　　址	http://www.crup.com.cn	
	http://www.ttrnet.com（人大教研网）	
经　　销	新华书店	
印　　刷	北京山润国际印务有限公司	
规　　格	165 mm×240 mm　16 开本	**版　　次**　2009 年 9 月第 1 版
印　　张	16.5 插页 1	**印　　次**　2009 年 9 月第 1 次印刷
字　　数	227 000	**定　　价**　36.00 元